울고 싶은 날의 인생 상담

울고 싶은 날의 인생 상담

사는 게
내 마음 같지 않아
힘든 당신에게

심 기시미
지애 이치로
옮김 지음

티라미수
THE BOOK

프롤로그

요즘 같은 시대에는 우리가 조금도 예상치 못한 일에 인생이 크게 바뀔 때가 있습니다. 병원 한 번 안 가고 건강하던 사람이 갑자기 큰 병에 걸려 자신이 계획한 대로 살 수 없게 될지도 모릅니다. 어쩌면 살면서 닥칠 어려움을 사서 걱정하는 사람은, 노력하면 뭐든 이룰 수 있다고 생각하는 낙천적인 사람보다 인생의 진실을 더 잘 알고 있다고 할 수 있습니다.

미래를 향한 걱정뿐 아니라 대인관계 문제는 일상에서 큰 스트레스로 다가옵니다. 미움받는 게 두렵지 않은 사람은 상관없겠지만, 눈치가 빠르고 다른 사람에게 미움받고 싶지 않은 사람은 하고 싶은 말, 해야 하는 말도 제대로 못하며 찜찜하게 살아가곤 합니다.

저는 인생을 어떻게 살아갈지, 대인관계 문제를 어떻게 해결할지를 고민하는 것이 철학이라고 생각합니다. 행복을 마다하는 사람은 없겠지요. 우리는 행복이 무엇인지 생각하는 것에 그치지 말고 행복하기 위한 방법을 고민하고 실제로 행복하게 살아가야 합니다. 이런 의미에서 철학은 실천적이라 할 수 있습니다.

이 책이 다른 유사 상담서와 다른 점은 철학이 근본에 있다는 점입니다. 저는 전공으로 철학을 공부하다 30대 초반에 오스트리아의 정신의학자 알프레드 아들러Alfred Adler의 사상을 처음 접했습니다. 이때 지금 언급한 인생에서 피할 수 없는 문제, 특히 대인관계 문제는 철학으로 해결해야 한다는 사실을 깨달았습니다.

고대 그리스 철학자 플라톤의 저서를 읽어보면, 소크라테스는 평소 젊은이들과 대화를 나누며 일상을 보냈다고 합니다. 소크라테스가 대학에서 강의하는 모습은 상상하기 어렵지만요. 훗날 저는 정신건강의학과 의원에서 환자들을 상담하게 되었는데, 이게 바로 소크라테스가 고대 아테네에서 하던 일이었지요.

저는 상담할 때 (그리고 이 책에서도) 이렇게 생각하면 어려움을 이겨낼 수 있다는, 희망을 주는 이야기를 들려주고 싶습니다. 과거에 경험한 괴로운 일로 인하여 현재 삶이 힘들고, 남은 삶도 힘들 것이라는 말은 하지 않을 것입니다.

행복을 마다하는 사람은 없습니다. 하지만 지금처럼 살다가는 행복해질 수 없다는 걸 알면서도 여전히 통념에 얽매여 있는 사람이 많은 듯합니다. 통념에서 벗어나려면 통념과는 다른 사상이 있다는 사실을 알아야 합니다.

제 기본 사상은 첫째, 사람은 바뀔 수 있다는 점입니다. 과거에 경험한 일이 지금의 나에게 영향을 미쳤을지는 모르나, 그것이 지금 그리고 앞으로의 나를 결정짓는다면 교육이나 치료는 의미를 잃게 됩니다.

둘째, 앞으로 무슨 일이 일어날지 정해져 있지 않다는 점입니다. 그래서 불안하겠지만 앞날이 정해져 있지 않기에 비로소 살아가는 보람이 있는 것 아닐까요?

세 번째는 지금, 이 순간에만 행복을 느낄 수 있다는 점입니다. 과거를 후회한들 미래를 사서 걱정한들, 과거는 지나간 시간이고 미래는 어찌 될지 모릅니다. 앞으로 찾아올 인생이 진짜가 아니라 바로 지금이 진짜 인생입니다. 나중을 위해 사는 것이 아닙니다.

제 조언을 머리로는 이해해도 실천하기 어렵다고 느끼는 사람도 있을 겁니다. 그런 사람은 '무슨 뜻인지는 알겠다, 근데'라는 말과 함께 실천하지 못하는 이유를 어떻게든 만들어 냅니다. 하지만 기존과 똑같은 사상과 방식을 고수하면 앞으로도 똑같은 일만 반복될 뿐입니다. 물론 기존과 다른 시도를 하려면 당장 무슨 일이 벌어질지 모르기에 용기가 필요하지만, 그렇다고 해서 괜히 실천하지 못하는 이유를 만들기보다는 가능한 일부터 조금이라도 행동으로 옮기다 보면 나도 모르게 인생이 바람직한 방향으로 바뀌어 갈 것입니다.

이 책은 출판사 고단샤講談社의 온라인 매체 쿠리에 재팬 Courrier Japan에 연재 중인 「25세부터 철학 입문하기」에서 서른 가지 이야기를 엄선하여 엮은 책입니다.

연재를 시작한 해 1월, 저는 『행복의 철학幸福の哲学』이라는

책을 출간했습니다. 그 책을 읽은 쿠리에 재팬 당시 편집장으로부터 '부정적인 인생론'이 흥미로웠다는 감상을 들은 것이 아직도 기억에 생생합니다. 그 책에서 제가 주장한 바를 정확하게 이해한 감상이었습니다. 제가 쓴 글은 인생사 생각한 대로 흘러갈 것이라는, 진취적이고 긍정적인 인생론은 아니었기 때문입니다.

그 이후로도 제가 연재한 글들 또한, 매사 긍정적인 사람에게는 '부정적'으로 느껴질지 모릅니다. 하지만 앞서 언급했듯 기존과 다른 시도를 해보자고 용기 내는 사람은 부정적이긴커녕, 인생의 곤경을 피하지 않고 긍정적으로 살아가는 사람입니다.

일이나 연애에서 비롯되는 대인관계 문제를 고민하다 보니 미래가 걱정되고 마냥 울고 싶어지는 날, 누구에게나 그런 날이 있습니다. 이 책이 앞을 보고 나아가고자 하는 사람에게 용기를 주는 인생 상담서가 된다면 저자로서 더할 나위 없이 기쁠 것입니다.

2장
인생의 고뇌와 마주하기

4장
사랑이 어렵고 관계에 지칠 때

1장

나를 위해
살겠다는 마음가짐

심기일전하여 새로운 내가 되려면
어떻게 하면 좋을까요?

새로운 계절을 맞아 내가 바라는 내 모습을 그려보는 사람들이 있지 않을까 생각합니다. '주위에 휘둘리지 않을 거야', '마음이 넓은 사람이 되자' 이렇게 굳게 다짐해도 막상 실천하려고 하면 생각대로 되지 않습니다. 초반에는 노력하다가도 어느새 '원래 내 모습'으로 돌아가는 경우가 대부분입니다. 새로운 내가 되려면 어떻게 하면 좋을까요?

억지로 나를 바꾸기란

쉽지 않습니다.

나를 제대로 '활용'하는 것이

중요합니다.

새로운 생활이 시작되는 시점에 심기일전하여 자신을 새롭게 바꾸고 싶은 사람이 많을 것입니다. 하지만 나를 바꾸는 건 쉬운 일이 아닙니다. '올해는 스스로 중심을 잘 잡아서 다른 사람에게 휘둘리지 말자'라든가 '너그러운 사람이 되자'라고 다짐하기가 무색하게 얼마 안 가 다른 사람 말에 흔들리거나 짜증을 참지 못하고 화를 내는 자신을 발견합니다. 인간은 '더 이상 이렇게 살면 안 되겠다' 싶을 정도로 강렬한 경험을 하지 않는 이상, 마음을 먹어도 쉽게 바뀌지 않습니다. 바꿔 말하면 지금까지 살아온 대로 계속 살아갈 수 있다면 굳이 나를 바꾸지 않아도 됩니다.

　　하지만 '새로운 내가 되려면 어떻게 해야 할까요?'라는 질문에 '굳이 바꾸려 하지 않아도 된다'라고 답할 수는 없겠지요. 그러니 왜 새로운 내가 되는 게 어려운지 먼저 생각해 본 다음, 이를 바탕으로 어떻게 하면 나를 바꿀 수 있는지 고민해 봅시다.

　　나를 바꾸는 건 왜 힘들까요? 첫째로 불완전하고 불편할지언정 그런 내 삶에 익숙해져 있기 때문입니다. 무슨 일이든 기존과 같은 방식을 취하면 어느 정도 결과를 예측할 수 있습니다. 비록 자신에게 바람직하지 않은 방식이어도 말이지요. 변화를 주지 않는다는 말은 앞으로 일어날 사태를 짐작할 수 있다는 말입니다.

반대로 삶의 방식에 변화를 주면 지금까지 살아온 경험만으로는 다음 순간에 무슨 일이 벌어질지 예측하기 어렵습니다. 인간은 앞으로 일어날 일을 예측하는 게 불가능해지면 상상 이상으로 큰 스트레스를 받게 됩니다.

게다가 익숙한 방식으로 사는 편이 더 나을 때도 있습니다. 다른 사람에게 휩쓸리지 않기로 다짐하면 모든 일을 스스로 결정해야 하는데, 이는 삶의 방식을 바꾸려고 결심한 사람에게 하나의 걸림돌로 작용합니다. 모든 일을 온전히 혼자서 결정하면 그에 따르는 책임 또한 오롯이 내 몫이기 때문입니다. 일이 생각대로 진행되지 않아도 그 책임을 다른 사람에게 떠넘길 수 없습니다. 그렇게 살기란 절대로 만만치 않습니다. 다른 사람에게 휘둘리지 않는 강한 의지를 가지려는 사람도 마음속 어딘가에서는 책임을 회피하고 싶기 마련입니다.

남편에게 잔소리가 심한 아내가 너그러운 성격이 되기로 마음먹었다고 가정해 봅시다. 잔소리가 줄면 남편의 귀가는 계속 늦어지고, 아이들은 공부를 등한시하게 될 수도 있습니다. 즉 가정환경이 나빠질지도 모릅니다. 점점 악순환에 빠지는 현실을 앞에 두고 '그래도 이제 잔소리 안 하기로 했으니까'라며 태연하게 있을 수 있는 사람이 얼마나 될까요? 그럴 바에야 원래대로 귀가 따갑도록 잔소리하며 '가족들 문제는 그냥 넘어가지 않는 정의로운 아내이자 엄마'라는 타이틀로 살아가는 게 낫다고 생각하는 게 바로 인간입니다.

또 다른 이유는 바꿔도 결과가 즉시 나타나지 않기 때문입니다. 매사 금방 싫증이 나서 그만두기 일쑤인 사람이 성실한 사람이 되자고 다짐해도 결과가 나오려면 시간이 걸립니다. 하길 잘했다고 실감하기까지 몇 년이라는 세월이 걸리기도 합니다.

원래 내 모습 다시 보기

그렇다면 어떻게 해야 새로운 나로 다시 태어날 수 있을까요? 먼저 인성 또는 성격이 아닌 행동을 바꿔야 합니다. 행동은 의식적으로 바꿀 수 있습니다.

남에게 휘둘리지 않는 강한 의지를 갖기로 마음먹었다면 술 마시러 가자는 제안 세 번 중 한 번은 거절해 봅시다. 너 그리워지자 다짐했던 아내는 매일 그렇게 하기는 어렵겠지만, 늦게 귀가한 남편에게 웃으며 수고했다는 한마디쯤 할 수 있지 않을까요? 그렇게 한다고 해서 남편의 행동이 반드시 개선되는 것은 아니겠지만 적어도 내 안에 짜증이 쌓이는 것보다는 기분 좋을 것입니다. 공부하지 않는 자녀를 볼 때마다 화가 난다면 안 보는 것도 방법입니다. 내가 잔소리를 안 하면 아이가 공부에서 손을 놓게 될 수도 있겠지만 혼내도 공부하지 않는 아이에게는 화낼수록 나만 손해입니다.

이렇게 첫 번째 시도가 끝나면 다음은 난이도를 조금 올려 볼까요? 처음부터 난이도를 높게 설정하지 않는 것이 중요합니다. '새로운 나'로 변하기 어려울 때는 '원래 내 모습'을 되돌아보면, 새로운 사람으로 거듭나는 데 도움이 됩니다.

아들러는『왜 신경증에 걸릴까』에서 '중요한 것은 무엇이 주어졌느냐가 아니라 주어진 것을 어떻게 활용하느냐'라고 말했습니다.

미켈란젤로가 다비드상을 새긴 대리석에는 커다란 균열이 들어가 있었습니다. 그때까지 누구도 그런 상태의 대리석을 눈여겨보지 않았는데 미켈란젤로는 이 대리석 속에서 다비드를 발견했고 끄집어낸 것입니다. 미켈란젤로가 그 균열에 주목하지 않았다면 다비드상은 탄생하지 못했을 겁니다. 균열이 다비드상을 살렸다고 할 수 있겠습니다.

'나'라는 도구는 다른 것으로 교체할 수 없습니다. 나에게는 나만의 특징이 있습니다. 그것을 어떻게 활용하냐가 중요합니다. 스스로 단점이나 약점이라 여겼던 부분들을 장점으로 바꿔보는 건 어떨까요? 스마트폰이나 컴퓨터의 운영체제 버전을 업그레이드하면 본체를 교체하지 않아도 새로운 도구로 거듭나는 것처럼 업그레이드한 '새로운 나'를 발견할 수 있을 것입니다.

해야 할 일이 너무 많아 늘 마음이 조급합니다. 이 스트레스를 풀고 싶습니다

일과 공부, 대인관계에 취미까지. 우리는 언제나 무언가에 쫓기며 생활합니다. '해야만 하는 일'인지 '하고 싶은 일'인지 모호해질 정도로 많은 일에 시달리며 지치다 못해 피폐해지곤 합니다. 그런 일상에서 벗어날 수 있는 방법을 소개하고자 합니다.

A

스트레스는 간극에서

발생합니다.

'이상'과 '현실' 사이의 간극을

메우는 게 관건입니다.

'스트레스'란 이상과 현실 사이의 차이를 말합니다. 여기서 이상이란 해야 할 일이 많아도 어려움 없이 해내는 상태를 뜻합니다. 그런데 여러 일을 효율적으로 진행하기란 매우 어렵습니다.

저는 원고 여러 개를 동시에 진행하며 매번 마감 기일 아슬아슬하게 원고를 완성하기에, 기한 일 년 전에 탈고했다거나 잡지 원고를 마감일 아침 식사 전에 척척 써 내려갔다는 이야기를 들으면 감히 흉내도 못 내겠다는 생각에 탄식이 저절로 흘러나옵니다. '여유 있게 써서 마감 기일 전에 마무리하자'라는 이상과 '조금밖에 못 써서 도저히 마감에 못 맞추겠다'라는 현실 사이의 간극이 엄청난 스트레스를 만들어 냅니다.

저와 비슷한 경험을 한 사람들도 많겠지요. 일뿐 아니라 집안일과 육아도 마찬가지입니다. 해야 할 일이 과하게 많으면 우리는 스트레스를 받습니다.

그럼, 이 스트레스는 어떻게 풀면 좋을까요? 단도직입적으로 말하면 해야 할 일을 줄여야 합니다. 이게 가장 쉬운 방법입니다. '그러지 못하니 스트레스를 받는 것 아니냐'라고 반문하실 겁니다. 하지만 마음먹기에 따라 스트레스는 줄일 수 있습니다.

스트레스에 맞서는 두 가지 방법

앞서 설명했듯 스트레스는 이상과 현실 사이의 간극에서 발생하기에 이 틈을 메워주면 해소됩니다. 먼저 이상을 낮추는 방법이 있습니다. 즉 해야 할 일을 줄이는 것입니다.

그러려면 먼저 눈앞에 놓인 일이 '반드시' 해야 하는 일인지부터 파악해야 합니다. '반드시'가 아닌데 '반드시'로 착각할 때가 종종 있기 때문입니다. 예를 들어 아침에 일어났는데 고열이 난다면 출근을 못 할 것입니다. 기어서라도 출근하라고 하는 회사는 여간해선 없습니다. 다른 사람이 대신해 줄 수 없는 일이나 마감이 정해진 일일지라도 대게 기한을 연장할 수 있습니다. 그렇게 생각하면 우리가 하는 업무는 '지금, 반드시' 해야 하는 일은 아닙니다.

제가 심근경색으로 입원했을 때 출간이 얼마 남지 않은 책의 교정쇄를 받은 적이 있습니다. 당시 편집자에게 입원한 사실을 알리지 않아서죠. '현재 입원 중이니 마감 기한을 연장해 달라'고 요청해도 될만한 사안이었지만, 그렇게 요청하면 더 이상 일을 받지 못하게 될까 봐 무리해서 교정을 진행했습니다. 지금 와서 생각해 보면 일을 잃었을지언정 건강이 더 중요한 건 자명한 사실입니다.

건강과 상관없이 내 인생에서 가장 중요한 게 무엇인지 생각해 두어야 합니다. tvN 드라마 「청춘기록」에서 배우 박보검이 연기한 주인공 사혜준은 모델에서 배우로 변신을 꾀하는 인물입니다. 혜준은 부모의 지원이나 인맥에 의존하지 않고도 금세 스타로 자리 잡습니다. 하지만 바쁜 일정 탓에 연인과 자주 못 만나다가 결국 헤어지게 됩니다. 연인 안정하(박소담 배우)는 혜준에게 이렇게 말합니다.

"우린 타이밍이 안 맞아. 어긋난 타이밍을 서로 맞추려고 노력하다가 결국 멀어질 거야."

타이밍이란 약속해도 못 만나는 것만을 가리키는 건 아닐 겁니다. 저였다면 꿈을 이루지 못해도 남의 눈을 신경 쓰지 않고 좋아하는 사람과 언제든 만날 수 있는 인생을 택했을 텐데 말이지요.

좋아하는 사람하고만 만난다면 스트레스를 받지 않겠지만, 우리는 사회생활을 하며 여러 사람을 만날 수밖에 없습니다. 그런 대인관계가 스트레스로 다가온다면 만남에 제한을 두는 것도 방법입니다. 마음이 내키지 않는 만남은 거절하면 됩니다. 혹 사회성이 떨어진다는 소리를 들을 수도 있겠지만, 내 시간을 소중히 여기기 위해 치르는 대가라고 생각하면 되지 않을까요?

스트레스에 맞서기 위한 또 다른 방법으로 '실현 가능성 높이기'가 있습니다. 인간에게는 '해야 하는 일', '하고 싶은 일', '할 수 있는 일'이 있습니다. 이 셋 중 현실적으로 먼저 시작할 수 있는 건 '할 수 있는 일'입니다. 가능한 것부터 시작해야 합니다.

더 구체적으로 말하면 일단 '조금이라도' 해보는 것입니다. 한 번에 모든 일을 다 하려 하지 말고 조금씩 하다가 잠깐 쉬고, 또 조금씩 해보는 과정을 몇 번 반복해 봅시다.

바로 시작하면 스트레스를 가장 덜 받겠지만 혹시라도 오늘은 하지 않겠다고 결심했다면 언제 시작할지 정해놓고, 그때까지 머릿속에서 지워버리면 스트레스를 피할 수 있습니다. '빨리 시작하고 싶어'라고 생각만 하고 아무 행동도 하지 않으면 가장 크게 스트레스를 받을 수 있으니 잊는 편이 심신 안정을 위해 좋습니다.

다만 이 방법에도 문제는 있습니다. 삼일이면 가능할 줄 알았는데 막상 해보니 불가능했고, 하려고 한 날에 몸 상태가 나빠 못 할 때도 있습니다. 또 '해야 할 일'은 하고 싶지 않은 일일 때가 종종 있습니다.

이럴 때 발상을 전환하여 '해야 하는 일'을 '하고 싶은 일'로 바꿔보는 건 어떨까요? 예를 들어 업무상 어쩔 수 없이 외국어 공부를 시작했다 하더라도 스스로 하고 싶어지도록 만들어 보는 겁니다. 저는 한국어 공부를 의무적으로 하진 않습니다. 한국 드라마나 영화를 보면 공부한다는 사실은 잊고 한국어 자체를 즐길 수 있습니다. 어금니를 꽉 깨물어가며 열심히 공부하는 사람은 수긍하기 어렵겠지만, 배움도 즐거워야 지속할 수 있습니다.

나를 사랑하는 방법을
알고 싶습니다

자신의 단점만 자꾸 생각하고 나라는 존재 자체를 진심으로 긍정할 수 없어 고민하는 사람이 많습니다. 툭하면 주변과 자신을 비교하며 부족하다는 생각에 주눅이 듭니다. 나를 있는 그대로 인정하려면 어떤 마음가짐이 필요할까요?

나 자신이 싫은 이유는

이상理想에서 빼기를 하기 때문입니다.

인간은 살아 있는 것만으로도

누군가에게 도움이 됩니다.

그렇게 생각하면 있는 그대로의 나를

사랑할 수 있습니다.

저는 지금껏 수많은 사람을 상담해 왔습니다. 상담하러 온 사람들에게 '자신을 좋아하는지' 물었더니 대부분 '별로 좋아하지 않는다' 또는 '싫어한다'라고 하더군요.

"어릴 때부터 부모님이나 주변 어른들에게 구제 불능이라는 소리를 귀에 못이 박히도록 들었거든요."

그런데 부정적인 말만 들으며 자랐다고 해서 모두가 자신을 싫어하지는 않습니다. 좋은 말만 듣고 자란 사람은 한 명도 없습니다. 부모님이 아니더라도 선생님이나 친구 등 나쁜 말이나 심한 소리를 하는 사람은 어디에나 있기 마련입니다. 그런데도 자신을 계속 긍정하는 사람과 그렇지 못한 사람으로 나뉘게 됩니다.

왜 이런 차이가 생기는 걸까요? 바로 자신을 긍정할지 말지는 스스로 정하기 때문입니다. 아들러는 다음과 같이 말했습니다.

자신이 가치 있는 사람이라고
생각될 때만 용기를 낼 수 있다.

여기서 아들러가 말하는 '용기'란 일이나 공부를 열심히 할 수 있는 용기, 그리고 대인관계를 맺을 수 있는 용기입니다. 나에게 재능이 있다고 믿는 사람은 일이나 공부를 열심히 하지만, 잘하는 게 아무것도 없다고 생각하는 사람은 스스로 뭔가를 하려고 하지 않습니다. 아무리 노력해도 좋은 결과를 낼 수 없다고 생각하기 때문입니다. 이들은 실제로도 노력하지 않아 좋은 평가를 받지 못합니다.

자신을 사랑하지 못하는 데에는 '이유'가 아닌 '목적'이 있습니다. '나는 가치가 없는 사람이다. 그래서 나를 사랑할 수 없다. 그 결과 용기를 낼 수 없다.' 자신을 사랑할 수 없는 사람의 사고 회로가 이럴 것 같지만, 그렇지 않습니다. 이들은 애초에 용기를 내고 싶어 하지 않습니다. 용기를 내고 싶지 않기에 나를 '가치가 없는 존재'로 만들어 버립니다.

왜 용기를 내고 싶지 않은 걸까요? 결과가 나오는 게 두렵기 때문입니다. 일이나 공부할 때 나는 능력이 없는 사람(즉 가치가 없는 사람이다)이라고 생각하고 도전하지 않으면, 결과가 나올 일도 없습니다. 실패라는 현실을 마주하지 않아도 됩니다.

사람과 사람 사이에서는 마찰이 생기기 마련이고 그래서 상처를 입을 때도 있습니다. 예를 들어 좋아하는 사람에게 고백했는데, '이성으로 느낀 적이 없다'라며 거절당할 수도 있습니다. 그런 경험을 한 번이라도 하면 다시 좋아하는 사람이 생겨도 상처받는 게 두려워 고백을 주저하게 됩니다.

이런 사람들은 대인관계에서 씁쓸한 경험을 하거나 상처를 입지 않으려면 아예 대인관계 자체를 맺지 않는 편이 낫다고 여깁니다. 용기를 내면 다른 누군가와 얽히게 되고 상처 입을 일이 생길 수 있으니 대인관계를 맺지 말자고 마음먹는 거죠.

그런데 그러려면 이유가 필요합니다. 이때 자신에게 묻습니다. "내가 나를 좋아하지 못하는데 어떻게 다른 사람이 나를 좋아할 수 있겠어?" 이렇게 생각하는 사람에게 본인의 어떤 점이 싫은지 물으면 자신의 단점이나 약점을 끊임없이 말합니다. 이들에게는 사실 자신을 싫어하기 위한 이유는 필요 없습니다. 나를 사랑하지 말자고 결심하기 위한 이유를 만들어 내는 것뿐입니다.

이 결심을 번복하기란 쉽지 않습니다. 나를 사랑하지 않기로 굳게 마음먹었으니까요. 그럼에도 '어떻게 하면 나를 사랑할 수 있을까?'라고 의문을 가지는 사람이라면 희망이 있습니다. 비록 지금은 나를 사랑하지 않기로 결심했지만

바뀔 수 있다면 바뀌길 바라고 있기 때문입니다. 이런 사람은
방법을 알면 자신을 사랑하는 사람으로 바뀔 수 있습니다.

평가와 가치는 다르다

여기에는 몇 가지 방법이 있습니다. 먼저 앞에서 이야기
한 대로 '자신을 사랑하지 않기로 결심했기 때문에 사랑할
수 없는 것뿐'이라고 가르쳐 줍니다. '다른 사람이 나에 관해
좋은 소리를 한 적이 없어서 나를 좋아할 수 없었다'라는 사
람이 있다면 다른 사람의 평가와 내 가치나 본질은 다르다
고 알려줍니다. 훌륭한 사람이라는 말을 들으면 기분이 날
아갈 듯하겠지만 그런 말도 결국 다른 사람의 평가에 불과
하기에 내 가치가 높아지는 것은 아닙니다.

이렇게 평가와 가치를 구별할 수 있게 되면 다른 사람이
나를 어떻게 보던 신경 쓰지 않고 좋은 말을 못 들었다고 해
서 나 자신이 싫어지지 않을 것입니다. 다만 오래도록 남의
시선을 신경 쓰고 살며, 다른 사람이 나를 좋게 평가하지 않
은 것을 이유로 나를 사랑하지 않기로 결심한 사람은, 남의

평가를 신경 쓰지 않게 되기까지 시간이 꽤 걸릴 수도 있습니다.

두 번째로 단점이나 약점이 장점으로 바뀌도록 돕는 방법이 있습니다. 스스로 성격이 어둡거나 소극적이라는 사람에게 이런 말을 해주었습니다.

"당신은 자신의 언동을 다른 사람이 어떻게 받아들이는지 아는 사람입니다. 살면서 다른 사람을 일부러 상처 입힌 적은 없을 겁니다."

이렇게 말하면 대부분 그렇다고 답합니다. '일부러'를 꼭 붙여야 하는 이유는 전혀 의도하지 않았어도 상처를 주는 경우가 있기 때문입니다. 저는 그런 사람에게 "당신은 어두운 게 아니라 착한 사람입니다"라고 알려줍니다. 내가 착한 사람이라면 나를 사랑할 수 있지 않을까요? 이렇게 자신의 단점을 장점으로 바꾸며 조금씩 자신감이 생기면 대인관계를 맺을 수 있는 용기를 얻게 됩니다.

물론 단점이 장점으로 바뀌어도 이 역시 결국은 평가에 불과합니다. 그래도 나에 관한 긍정적인 평가를 받아들일 수 있도록 용기를 내야 합니다. 나를 다시 보면서 사랑할 수 있게 되면, 그것은 다른 사람의 평가로 내 가치가 높아진 게 아닙니다. 다른 사람의 긍정적인 평가를 '계기'로 스스로 내 가치를 인정하고 자신을 사랑하게 된 것입니다. 이런 식으로 대인관계를 맺을 수 있게 되면 그 속에 나를 사랑하게 되는 방법이 있습니다. 아들러는 앞서 인용한 말에 이어 다음과 같이 말했습니다.

> 내가 가치 있는 사람일 때는
> 내 행동이 공동체에 유익할 때뿐이다.

언제 내가 좋은지 생각해 보면, 내가 어떠한 형태로든 남에게 도움이 되고 이바지한다고 느껴질 때입니다. 그럴 때 스스로가 가치 있는 사람이라 느끼고 자신을 사랑할 수 있습니다. 그렇게 되려면 대인관계를 맺어야 합니다.

그렇다고 해서 아들러가 말한 '행동'을 반드시 해야 하는 것은 아닙니다. 내가 사는 것 자체가 남에게 이바지하고 있다고 생각하면 됩니다. 이렇게 생각할 수 없다는 사람도 있겠지요. 요즘 시대는 능력이 있어야 (더 나아가 성공해야) 가치 있는 사람으로 여겨지기에 능력이 없으면 스스로 가치 없는 사람이라고 치부하는 사람이 많습니다. 하지만 그 또한 세간의 통념이 내게 내린 평가에 불과하며 그 평가가 내 가치를 결정하진 못합니다.

이렇게 생각해 보면 어떨까요? 아이들은 아무것도 하지 않아도 존재 자체만으로 주변 사람들을 행복하게 합니다. 어른도 아이들과 마찬가지로 존재만으로도 남을 행복하게 한다고 생각하지 못할 이유가 없습니다. 이상에서 빼기를 하게 되면 나를 사랑할 수 없습니다('성공'처럼 사람들 대부분이 가치가 있다고 여기는 이상을 말합니다). 병상에 누워 있는 가족이나 친구가 있다면 그가 살아 있는 자체만으로 고맙지 않나요? 그렇게 생각한다면 자신이 어떤 모습을 하고 있어도 살아 있는 자체만으로 나를 사랑할 수 있습니다.

다른 사람 앞에서 늘 스스로를
포장하는 제가 싫습니다

남에게 잘 보이려는 마음에 저도 모르게 남의 눈치를 살핍니다. 미움받는 게 두려워 상대방이 듣기 좋은 소리만 합니다. 그러다 보니 정신적으로 지치고 결국 그런 나 자신이 싫어집니다. '진짜 내 모습'으로 나답게 살려면 어떻게 해야 하나요?

A

남에게 좋은 모습만 보이려

하는 건 결국 남을 믿지 못하기

때문입니다. 내가 솔직한 모습을

보인다고 사람들은

나를 멀리하지 않습니다.

사람과 사람 사이에서는 어떠한 형태로든 마찰이 생기기 마련입니다. 그때마다 하고 싶은 말이 있어도 적당히 상대에게 맞춰주면 누구에게도 미움 살 일이 없겠지요. '좋은 사람'이라는 인상을 줄 수도 있습니다. 하지만 계속 그러다 보면 결국 나 자신이 싫어집니다.

왜 내가 싫어질까요? 열심히 나의 모습을 포장하여 환심을 산들 그것은 나의 본모습이 아니기 때문입니다. 아들러는『성격 심리학』에서 다른 사람에게 나를 좋게 보이고자 하는 사람의 심리를 '현실과의 접점을 상실한 상태'라고 설명했습니다.

'현실과의 접점을 상실하다'라고 번역한 문장의 독일어 원문에는 'unsachlich'라는 단어가 들어가 있습니다. '사실' 또는 '현실'을 의미하는 명사 sache에서 파생한 형용사 sachlich의 반대어로 '사실과 맞지 않은', '현실에 부합하지 않은'과 같은 뜻입니다. 자신을 좋게 보이고자 하는 사람은 내 본모습과의 접점을 잃어버린 상태라고 할 수 있습니다. 다시 말해 나를 좋게 포장하려는 사람은 진심이 아닌 말과 행동을 합니다. 그런 측면에서 보면 내 본모습과의 접점을 상실한 채 삶을 살아가고 있는 셈입니다.

그런 내가 싫어지는 이유는 남의 눈치를 보며 '너만 좋아', '내가 믿을 수 있는 사람은 너밖에 없어' 같은 말을 해도 결국 남에게 신뢰를 얻지 못하기 때문입니다. 호감 있는 사람에게 '너밖에 없어'라는 말을 들으면 당연히 기쁘겠지만, 모든 사람에게 똑같은 말을 하고 다니다 보면 결국 신뢰를 잃습니다. 특히 경쟁관계에 있는 두 상사에게 아부하려고 이렇게 행동했다가는 두 상사 모두에게 신뢰를 잃고 맙니다.

나를 포장하다 보면 잃는 것

나를 포장하면 누군가의 환심은 살 수 있을지 모르나 다른 누군가에게는 좋지 못한 인상을 줄 수 있습니다. 평론가 가토 슈이치加藤 周一(1919~2008)는 『양의 노래』에서 초등학교 시절을 회상하며 다음과 같은 글을 썼습니다.

학교 교문 앞에 작은 빵집이 있었다. 교칙상 점심시간에만 그 빵집에 갈 수 있고 그 외 시간에는 교문을 나설 수 없었다. 어느 날, 몇몇 학생이 선생님 몰래 점심시간이 아닌 시간에 빵을 사러 나갔다가 들켰다.

"교문 밖에 나갔다 온 사람 자수해."

담임 선생님의 심문이 시작되었다. 나도 나갔다 온 학생 중 한 명이었다.

"누가 먼저 나가자고 했지?"

누가 먼저 이야기를 꺼냈는지 모르겠다. 여럿이 우르르 달려 나갔고 그 뒤를 따라갔다고 대답하자 선생님은 더 추궁했다.

"교칙은 알고 있었니?"

"알고 있었습니다."

"여럿이 달려 나갔을 때 왜 막지 않았지?"

"…"

"막으려고 했는데 막지 못한 건가?"

"…"

"막으려고 교문 밖까지 쫓아갔던 건가?"

이때 나는 선생님이 나를 구제하기 위해 유도신문 중인 사실을 깨달았다.

"네, 맞습니다"라고 대답하면 그대로 추궁에서 해방되겠지만, 그것은 진실이 아니었다. 그렇다고 "막을 생각이 없었습니다"라고 대답하면 어떤 벌을 받게 될지 몰라 두려웠다. 나는 잠시 고민한 뒤 "네, 맞습니다"라고 기어드는 목소리로 답했다. 선생님은 우등생인 내가 다른 학생들처럼 교칙을 어기는 행동을 했을 리가 없다고 여긴 듯했다. 나는 선생님의 기대를 저버리지 않기 위해 적당히 둘러대어 상황은 모면했지만, 잃은 것도 있다.

가토는 이야기를 이어갔습니다.

"너는 이제 됐어. 가봐." 하지만 선생님의 목소리는 거의 귀에 들어오지 않았다. 추궁에서 해방되어 발걸음을 떼려고 했을 때, 함께 간 친구들의 따가운 시선만이 등 뒤로 느껴졌다. 그 보이지 않는 따가운 시선은 내 거짓말을 향한 비난이 아니라 배신을 향한 경멸이었다. 그때 나는 나 자신을 경멸했고 증오했다.

조금 더 심층적으로 생각해 보면 선생님은 가토를 구제할 생각이 아니었다고도 해석할 수 있습니다. "너는 이제 됐어.

가봐"라고 선생님이 말한 건 가토의 말을 믿고 용서한 것이 아니라 선생님께 잘 보이려고 거짓말한 가토에게 실망했기 때문 아닐까요?

늘 나를 좋게 포장하려고 하는 사람에게 부족한 것은 '신뢰'입니다. 내가 솔직하게 털어놓았다고, 본 모습을 보였다고 해서 사람들이 나를 멀리하지 않습니다. 나를 좋게 포장해야만 사람들이 내 곁을 떠나지 않을 거라고 생각하는 건 다른 사람을 믿지 못해서입니다.

물론 다른 사람의 기분은 배려하지 않고 내 멋대로만 행동해선 안 되겠지요. 하지만 그렇다고 하고 싶은 말도 제대로 못하고 비위만 맞춰야 하는 관계는 오래가지 못합니다.

평온한 날들을 보내고 있어 행복하지만, 이 행복도 언젠가는 끝날 것이기에 무섭습니다

객관적으로 봐도 축복받은 환경에서 이렇다 할 불만 없이 살고 있지만, 지금이 너무 행복하기에 더욱 이 행복을 잃고 싶지 않아 자신도 모르게 불안해진 적 있나요? 지금이 영원할 수 없다는 사실을 알기에 두렵습니다. 어떻게 하면 '지금'을 편안한 마음으로 살아갈 수 있을까요?

A

'행복의 끝'을 두려워하지 마세요.

더 중요한 건 행복한 오늘을

만끽하려면 '죽음'을

의식해야 한다는 점입니다.

지금 평온한 나날을 보낸다면 무엇보다 행복한 일입니다. 그래서 삶이 만족스럽다면 이 행복이 언제까지 이어질지 괜한 걱정으로 두려워하지 마세요.

왜 두려워하지 않아도 되는지 생각해 봅시다. 로마 제국 제16대 황제였던 마르쿠스 아우렐리우스는 자녀 열네 명 중여러 명이 요절하여 딸 다섯 명과 아들 한 명만이 장성했습니다. 아우렐리우스는 『명상록』에서 이렇게 말했습니다.

'아이를 잃지 않게 해주세요'라고
바라는 사람이 있다. 그러나 너는 이렇게 기도하겠지.
'잃는 것을 두려워하지 않게 해주세요.'

여기서 '너'는 아우렐리우스를 말합니다. 본인에게 하는 말인 셈이죠. 그도 더 이상 자식이 죽지 않길 바랐겠지만, 이미 아이를 여럿 잃은 그에게 자식을 잃지 않기를 바라는 건 현실적인 방법이 아니었습니다. 자식을 잃는 일 외에도 내가 통제하지 못하는 일들이 현실에서 일어납니다. 건강한 사람이 갑자기 큰 병에 걸리기도 하죠. 그러니 그런 일이 일어나지 않길 바라는 것은 현실적이지 않습니다.

다만 아우렐리우스가 잃는 것을 두려워하지 않게 해달라고 말했듯, 예측하지 못한 일이 일어나도 두려워하지 않을 수는 있습니다. 무슨 일이 일어나서 평온함은 깨질지언정 행복이 멈추는 건 아니기 때문입니다. 아우렐리우스는 『명상록』에서 이런 말도 했습니다.

재난은 어디에 있을까.
바로 그대가 짐짓 재난이라고 생각하는 곳에 있다.

일어난 일이 재난이 아닌데도 스스로 재난이라고 넘겨짚는다는 뜻입니다. 병에 걸리면 그것을 계기로 인생의 의미를 되짚어 보게 되고, 그 후에는 다른(아마도 행복한) 인생을 살게 될지도 모릅니다. 인생의 동반자가 있다면 어려움을 직면한 뒤 두 사람의 결속력은 더 강해질 수도 있습니다.

죽음 의식하기

지금 갑자기 큰 병에 걸릴 수도 있다는 예시를 들었는데,

평온한 날이 영원히 지속되지 않음을 암시하는 가장 강력한 존재는 바로 '죽음'입니다. 그 누구도 예외 없이 언젠가는 반드시 죽음을 맞이합니다. 그 사실은 눈앞의 행복을 만끽하는 데 필요합니다. 아우렐리우스는 『명상록』에서 로마의 스토아 철학자 에픽테토스의 말을 인용하여 다음과 같이 말했습니다.

> 아이에게 키스할 때 '아마 너는 내일 죽겠지'라고
> 마음속으로 읊어야 한다. 불길한 말이라고?
> 그렇지 않다. 이는 자연의 섭리니라.
> 그렇지 않으면 보리를 베는 일도 불길한 일이 된다.

'죽음을 잊지 말라'는 뜻의 '메멘토 모리Memento mori'라는 라틴어가 있습니다. 아우렐리우스는 행복의 절정에서 '너는 내일 죽겠지, 메멘토 모리'라고 마음속으로 외쳤을 것입니다.

아우렐리우스는 왜 그렇게 주장했을까요? 최악의 사태를 예상해 두면 무슨 일이 일어나도 동요하지 않고 적어도 충격을 최소화할 수 있기 때문이 아닙니다. 아우렐리우스는 보리를 베는 것처럼 죽음은 '자연의 섭리'라고 여겼습니다.

그래서 '너는 내일 죽겠지'라는 말은 불길한 말이 아니라고 이야기한 것입니다. 죽음은 결코 최악의 사태가 아닙니다. 그는 행복의 절정에서야말로 '너는 내일 죽겠지'라고 자신에게 일러줘야 한다고 말했습니다. 죽음이 인생의 끝에서 기다리고 있다는 사실을 잊어선 안 된다고 말이죠.

왜 죽음을 잊으면 안 될까요? 오늘 하루를 소중히 보내기 위해서입니다. 내일 죽을지도 모른다는 사실을 잊으면 오늘을 소중히 보내지 않을 수도 있습니다. 아우렐리우스가 든 예시를 보면, '지금' 아이들과 보내는 시간이 전부이며 앞으로 이 관계가 어떻게 될지 굳이 지금 생각할 일은 아닙니다.

내일 죽을지도 모른다는 사실을 잊으면 사람은 지금, 이 순간이 아닌 미래를 위해서만 살게 됩니다. 내일 어떻게 될지 아무도 모르기에 오늘이라는 날을 단지 오늘만을 위하여 살 수 있도록 다짐해 봅시다.

우리는 내일 일어날 일은 제어할 수 없습니다. 우리가 할 수 있는 건 무슨 일이 일어나면 내가 누군가에게 힘을 주고, 내게 힘이 되어주는 사람들과의 관계를 잘 유지하는 일입니다. 그러기 위하여 지금을 소중히 여기고 최대한 평온한 하루를 보내며 남과 싸우지 않도록 노력해 보면 어떨까요?

모든 상황을 극복해 낼 수 있는
강한 멘탈을 갖고 싶습니다

앞으로 어떤 일이 일어날지 모르는 불확실한 미래에 불안을 느끼는 사람이 있습니다. 반면에 아무리 힘든 상황에서도 긍정적인 태도를 유지하는 사람도 있습니다. 어떻게 하면 강한 정신력으로 힘든 상황을 극복해 낼 수 있을까요?

A

'강한 멘탈'은 허세일 뿐입니다.

모든 상황을 극복해 낼 수 있는

사람은 없습니다.

살다 보면 도저히 감당할 수 없을 정도로 절망스러운 고난을 마주할 때가 있습니다. 한 번에서 끝나지 않고 여러 번 겪게 될 수도 있죠. 그런데도 좌절하지 않고 버텨내는 사람이 있습니다. 똑같은 경험을 해도 사람마다 받아들이는 게 다르기 때문입니다. 고난을 극복할 수 있었던 건 긍정적이어서였을까요? 강한 멘탈을 가지고 있어서였을까요?

여기 오스트리아 빈의 한 극장에 가려고 한 사람이 있습니다. 집을 나서기 직전 다른 곳에 가야 할 일이 생겨 용건을 마치고 겨우 극장에 도착하니 극장은 불에 타 쓰러진 상태였습니다. 아들러는 『삶의 과학』에서 이 이야기를 인용하여 다음과 같이 말했습니다.

모든 것은 사라졌으나 그는 살아남았다.
이런 사람이 자신의 운명이 높은 목표와 연결되어
있다고 믿는 것을 쉽게 상상할 수 있으리라.

아들러는 큰 재난이나 사고에서 살아난 사람은 '운명은 미리 정해져 있다'라고 믿게 된다고도 말했습니다. 이 운명은 '행운'인 것이죠. 그런데 이렇게 스스로 '행운이 따르는 사람'이라고 믿었던 사람이 절망스러운 현실을 맞이하게 되면 오히려 용기를 잃고 우울증에 걸릴 가능성이 있습니다.

극장 화재에서 살아남은 이 사람은 '우연히' 극장에 가기 직전에 볼일이 생겨 예정된 시간에 극장에 가지 못했기에 화를 면한 것이지, 본인 스스로 화를 면하기 위해 무언가를 한 것은 아닙니다. 따라서 이번에는 화를 면했으나 다음번에도 살아남는다는 보장은 없습니다.

아들러는 『삶의 과학』에서 수영을 하지 못하나 주위로부터 칭찬받고 싶어 강에 뛰어든 한 소년의 사례도 인용했습니다. 강에 뛰어든 소년은 물에 빠져 죽을뻔했습니다. 아들러는 이 사례를 통해 두 가지를 지적했습니다.

먼저 이 소년은 용감한 게 아니라 겁쟁이라는 점입니다. 강에 뛰어들라고 친구들이 부추겨도 수영을 하지 못하면 뛰어들지 않는 게 보통입니다. 친구들이 비웃더라도 말이죠. 또한 마음속 어딘가에 누군가가 자신을 구해 줄 것이라고 기대했다는 점입니다. 물에 빠진 사람을 구하지 않으려는 이는 없을 테니까요. 그런데 만약 아무도 그에게 구원의 손길을 뻗지 않았다면 어땠을까요? 수영도 하지 못하는데 강에 뛰어드는 무모한 짓을 한 자신이 아닌, 자신을 구하지 않은 다른 사람에게 되레 화를 냈을지도 모릅니다.

나에게는 무서운 일이 절대로 일어나지 않을 것이라는 근거 없는 자신감을 가진 사람은 운명이 자신을 구해 주리라 기대합니다. 운 좋게 화를 면하는 일이 계속되면 '나는 특별한 사람'이라고 생각하게 될 수도 있습니다. 그래서 이런 사람은 자신이 기대한 대로 되지 않으면 오히려 더 크게 좌절하게 됩니다. 용기 있는 사람이라면 좌절은 할지언정 상처는 받지 않을 것입니다.

아들러는 『삶의 과학』에서 '모든 이룰 수 있다는 우월감을 가진 사람이 있다'라고도 말했습니다. 나에게 불가능한 일은 없다, 실패할 리가 없다는 생각은 '우월감'에 지나지 않을 뿐입니다.

강한 멘탈은 꼭 필요할까

아들러는 또 다른 저서 『아들러 삶의 의미』에서는 '모든 이룰 수 있다'라는 자신감을 긍정적인 의미로 해석하기도 했습니다. 재능이나 유전을 이유로 '나는 할 수 없다'라는 확신이 굳어져 버리는 위험성에 경종을 울린 것입니다. '할 수 없다'라는 확신을 다른 말로 표현하면 '열등감'입니다. 이 열등감의 반대가 바로 무언가를 이루려면 노력이 필요한데 노력도 하지 않고 뭐든 이룰 수 있다고 생각하는 '우월감'입니다.

아들러는 『삶의 과학』에서 각각 성격이 다른 남자아이 세 명을 사자 우리 앞에 데려간 실험을 소개했습니다. 사자를 처음 봤을 때 어떻게 행동하는지를 관찰하는 실험이었습니다. 첫 번째 아이는 뒤를 돌더니 이렇게 말했습니다.

"집에 가고 싶어요."

두 번째 아이는 "엄청 멋지다"라고 말했습니다. 이 아이는 자신이 용감하게 보이길 원했으나 실은 사자 앞에서 떨고 있었습니다. 겁 많은 아이였던 것입니다. 세 번째 아이가 말했습니다.

"사자에게 침을 뱉어도 되나요?"

첫 번째 아이가 보인 태도가 바람직하지 않나요? 다른 두 아이는 허세를 부려 무서움을 감추려 했습니다. '어떤 상황도 극복해 낼 수 있는 강한 멘탈을 갖고 싶다'라는 사람은 허세를 부린 아이와 같습니다. 그러면 어떻게 하면 좋을까요? '모든 상황을 극복해 낼 수 있다'라는 생각을 멈추면 됩니다. 스토아 철학 용어를 빌리자면 '권내權內'에 없는 것, 즉 자신의 힘이 미치는 범위 밖에 있는 것은 억지로 바꾸려고 하면 안 됩니다.

할 수 있는 일은 당연히 해야겠지요. 고난을 극복하려면 할 수 있는 일과 할 수 없는 일을 가려내야 합니다. 그런 다음 필요하다면 다른 사람의 도움을 받는 것이 중요합니다.

2장

인생의 고뇌와
마주하기

인생의 모든 점이 불안합니다.
일도 어떻게 될지 모르고,
모아둔 돈도 동반자도 없습니다

살다 보면 곤경에는 언제든 처할 수 있습니다. 걱정거리를 생각하다 보면 끝이 없습니다. 갑자기 일자리를 잃고 무일푼이 된다면? 나 또는 가족이 큰 병에 걸린다면? 이대로 계속 혼자 살면 고독사는 피할 수 없는 걸까요?

A

명확한 대상이 없기에 모든 점이

불안해지는 것입니다.

사서 걱정하기보다는 가능한

일부터 해보면 어떨까요?

누구라도 불안해질 때가 있습니다. 요즘 시대는 일뿐 아니라 앞으로 내 인생이 어떻게 될지, 나아가 이 세상이 어떻게 될지 아무도 모릅니다. 일은 구할 수 있을지, 취직해도 정년까지 일할 수 있을지, 결혼은 할 수 있을지, 연금은 받을 수 있을지, 이러다 고독사하는 건 아닌지 등등. 이런 생각들을 하다 보면 불안해지는 게 당연합니다. 그렇다고 '모든 것'에 불안을 느낄 필요는 없습니다.

먼저 불안이란 무엇인지 '두려움'과 비교하며 알아보겠습니다. 두려움은 불안과 달리 명확한 대상이 있습니다. 예를 들어 지진이 일어나 건물이 크게 휘청거리면 강한 공포를 느낍니다. 공포를 느끼면 사람은 그 자리에서 벗어나려고 합니다. 그 자리에 멍하니 서 있다가는 위험하기에 느끼는 공포, 즉 두려움은 생존을 위해 필요하다고 할 수 있습니다. 당장 도망가야 하는 걸 알면서도 몸이 굳어버려 움직이지 않을 때도 있으나, 두려움은 두려움을 일으킨 대상으로부터 '벗어나기' 위해 만들어지는 감정입니다. 이처럼 두려움은 어느 특정한 대상(예시에서는 지진)과 관련이 있습니다. 무엇에 두려움을 느꼈는지 분명하기에 땅의 흔들림이 잦아들면 머지않아 두려움은 사라집니다.

반면 불안은 그렇지 않습니다. 덴마크의 철학자 키르케고르는 책 『불안의 개념』에서 불안의 대상은 '무無'라고 주장했습니다. '왠지 모르게 불안하다'라는 것입니다. 이런저런 일이 일어나 불안해지는 게 아니라 아무것도 아닌 일無이 사람을 불안하게 한다는 뜻입니다.

같은 지진이라도 언제 지진이 일어날지 모른다는 생각에 불안해질 때, 그 지진은 명확한 대상은 아닙니다. 물론 지진이 언제 일어날지는 몰라도 절대 일어나지 않는 것은 아니기에 불안이 아예 아무것도 아닌 일에서만 오는 건 아닙니다. 더구나 요즘 세상에는 말도 안 되는 일들이 일어나기도 합니다. 사회 시스템 자체를 바꿔야만 해결할 수 있는 문제들도 있죠. 그러나 노력하면 바꿀 수 있는 인생 과제를 앞에 두고도, 아들러의 말을 빌리자면 '망설이는 태도'를 취하는 사람이 있습니다. 이런 사람은 '열심히 살고, 일한다 한들 앞으로 어떻게 될지 몰라', '모아둔 돈도 얼마 없어' 등의 이유를 계속해서 열거하며 인생 과제를 해결하러 뛰어들지 않습니다.

불안해지면 해야 할 일

두려움과 달리 불안에는 명확한 대상이 없다고 앞서 말했습니다. 왜 불안에는 대상이 없냐 하면 명확한 대상이 있을 필요가 없기 때문입니다. 막연한 불안감만으로도 아무것도 손에 잡히지 않기도 합니다.

대인관계에서 실패한 경험으로 다른 사람과 얽히는 걸 피하는 사람이 있습니다. 이들은 다시 예전처럼 사람에 배신당하거나 상처받을까 봐 새로운 사람과 관계를 맺기 전부터 불안해집니다. 그리고 그 점을 대인관계를 꺼리는 구실로 삼습니다. 불안을 느끼는 사람에게 무엇이 일어난 걸까요? 아들러는 『아들러의 인간이해』에서 다음과 같이 말했습니다.

방어하려고 손을 앞으로 뻗지만

때때로 위험을 보지 않도록 다른 한 손으로 눈을 가린다.

이들은 인생 과제를 앞에 두고 멈춰 서진 않지만, 나를 보호하기 위한 방어책으로 손을 앞으로 뻗으며 과제에 다가갑니다. 불안하니까 위험을 보지 않도록 손으로 눈을 가리는 것입니다. 두려움을 느꼈다면 완전히 멈춰 서거나 그 자리에서 도망가겠지만, 불안한 사람은 과제 앞에서 망설이고 우유부단하게 행동합니다.

대인관계에서 상처받는 것을 두려워하는 사람도 혼자서는 살아갈 수 없다는 사실을 알기에 깊게 들어가지 않고 '방어'는 하지만, 관계를 싹둑 자르지는 못합니다. 이들은 인생의 어려움에 맞서지 말자는 결심을 먼저 하고, 그 결심을 완전히 굳히기 위해 불안해지는 것이므로, 실제로 어려움에 맞닥뜨리면 바로 도망가 버립니다. 아들러는 『아들러의 인간이해』에서 이렇게도 말했습니다.

> 사람은 인생에서 어려움을 마주했을 때
> 한 번 도망치는 관점을 얻으면, 그 관점은 불안이
> 더해지면서 강화되고 확실한 것이 된다.

그렇게 되면 결국 인생 과제에 다가가지 않게 됩니다. 불안한 사람은 어떻게 하면 좋을까요? 먼저 자신이 처한 현실은 손쓸 방법이 없을 정도로 힘들지는 않다는 사실을 알아야 합니다. 인생에는 직접 뛰어들어봐야 결말을 알 수 있는 과제가 많습니다. 반드시 성공할 거라 믿었던 일이 직접 해보니 생각 외로 어려워서 실패할 때도 있고, 그 반대일 때도 있습니다. 일단 가능한 것부터 해보는 수밖에 없습니다.

얼마 남지 않은 시험에서 좋은 결과를 못 낼까 봐 불안해지는 사람도 있습니다. 그래도 열심히 공부할 수밖에 없습니다. 열심히 한다고 반드시 원하는 결과가 나오지는 않겠지만, 시험을 앞두고 불안에 사로잡혀 충분히 공부하지 못했다면 그것은 '핑계'에 불과합니다. 결과가 좋지 않았다면 다시 도전하면 됩니다.

앞으로 무슨 일이 일어날지 아무것도 모르면 불안하다는 사람이 많습니다. 인생은 무슨 일이 일어날지 모르기에 사는 보람도 느낄 수 있는 것입니다. 모든 일이 내 예상대로 이루어지는 인생을 살고 싶은가요? 결말을 모르면 어떻게 끝날지 불안해서 소설을 못 읽겠다는 사람도 있는데, 저는 결말을 몰라서 오히려 더 재밌다고 생각합니다. 무릇 인생은 어떻게 될지 미리 정해져 있는 것이 아닙니다.

Q8

지금이 불행하지는 않지만
행복하지도 않습니다.
더 행복하게 살고 싶습니다

지금의 내가 불행하지는 않습니다. 그런데 딱히 행복하게 느껴지지도 않습니다. 어딘가 항상 어중간한 상태로 사는 듯한 기분이 듭니다. 어떻게 하면 행복해질 수 있을까요? 단순한 듯하면서도 막상 답하려면 말문이 막히는 '행복'에 관하여 생각해 봅시다.

행복은 '해지는' 것이 아닙니다.

단적으로 말해 '사는 자체'가

행복입니다.

그 사실을 알아야 합니다.

저는 '행복해지고 싶다'고 말하는 사람들이 행복해지기를 진정 원하는지 잘 모르겠습니다. '지금 불행한 건 아니지만 행복해지고 싶다'라는 말은 '가능하다면 행복해지고 싶다' 또는 '지금 당장은 아니더라도 가능한 한 빨리 행복해지고 싶다'라는 의미로 받아들여집니다.

이런 사람은 행복해지지 못하는 게 아닙니다. 행복해지고 싶지 않은 겁니다. 지금 제가 한 말을 듣고 그런 사람이 어디 있냐고 반론하는 사람도 있을 텐데, 맞습니다. 우리는 모두 행복해지기를 원합니다. 하지만 행복해지고 싶어도 결과적으로 그렇게 되지 않는 때도 있습니다. 행복해지고 싶지 않은 사람(적어도 적극적으로 행복해지려고 하지 않는 사람)은 굴절된 방식으로 행복해지려고 합니다. '행복하지 않아도 돼'라며 삐딱선을 타는 사람들처럼요.

여기에는 두 가지 이유가 있습니다. 먼저 대인관계를 맺지 않기 위함입니다. 자기가 불행하다고 생각하는 사람은 적극적으로 대인관계를 맺으려 하지 않습니다. 실제로 다른 사람과 관계를 맺으면 항상 마찰이 생깁니다. 미움도 받고 배척과 배신도 당하다 상처를 입습니다.

제가 학교에서 학생들을 가르쳤을 때 종종 '좋아하는 사람이 생겼는데 어떻게 해야 하나요?'라는 질문을 받았습니다. 좋아한다고 말하면 되지 않냐고 답했더니 '그런데'라는 말이 되돌아왔습니다.

"그런데?"

"아무 감정도 없다고 들으면 속상하잖아요."

이 학생은 좋아하는 사람의 마음속에 내가 있을 곳이 없다는 현실을 받아들이고 싶지 않다며 고백을 포기했습니다. 좋아하는 사람이 내 마음을 받아주지 않으면 물론 슬프겠죠. 이들처럼 더는 불행해지고 싶지 않은 사람은 좋아하는 사람이 생겨도 마음을 거부당하는 게 두려워 고백을 포기합니다.

이런 사람에게는 고백하지 않기 위한 핑곗거리가 필요합니다. 바로 나는 가치 없는 사람이라고 믿는 것입니다. 내가 나를 좋아하지 못하는데 어떻게 다른 사람이 나를 좋아할 수 있겠냐고 머릿속에 주입합니다. 한 번이라도 실연을 경험하면 더 깊이 들어가 자신은 너무도 불행한 사람이라고 생각합니다. 그런데 냉정하게 생각해 보면 같은 일이 꼭 반복되는 건 아니라는 사실을 우리는 알고 있습니다. 그럼에도 당장 실연으로 깊이 상처받은 나는 불행하다는 생각이 듭니다. 그렇다 보니 이후 적극적으로 대인관계를 맺는 것을 꺼리게 됩니다.

더 행복해질 수는 없다

행복해지고 싶지 않은 또 한 가지 이유는 행복해지면 관심을 못 받게 되기 때문입니다. 불행하면 동정일지라도 다른 사람들의 관심을 받습니다. 상담하러 가면 "힘드셨겠네요"라는 위로의 말을 듣기도 합니다(저는 하지 않습니다).

어느 날 한 사람이 친구로부터 '힘들어. 더 이상 못 살겠어'라는 메일을 받고는 깜짝 놀라 한밤중에 친구 집으로 차를 몰고 갔습니다. 도착하니 그 사람 말고도 이미 다섯 명이 와있었습니다. 이렇게까지 해서 관심을 끌려는 사람은 없겠지만, 다른 사람의 관심을 받고 싶은 사람이 많은 건 사실입니다. 평범한 행동으로 관심받지 못했다고 문제행동을 일으키는 것은 절대 바람직하지 않습니다.

어릴 때는 부모님의 보살핌을 받아야 합니다. 혼자서는 할 수 있는 게 많지 않은 어린아이이기에 가정의 중심에서 살 수 있습니다. 하지만 성장하면서 점차 혼자 할 수 있는 일이 늘어나면, 어렸을 때처럼 각별한 관심을 받지 못하게 됩니다. 이것이 자립이자 성장입니다. 성인이 되면 태어났을 때처럼 가족의 중심에 자리하지 못하는 게 당연합니다. 가족이라는 공동체에 소속되고 싶고 여기에 있고 싶다는 생각은 인간의 기본적인 욕구입니다. 그러나 이런 욕구와 공동체의 중심에 있는 건 완전 별개의 일입니다. 언제든 사람들의 관심을 받고 싶다는 생각은 공동체의 중심에 자리하고 싶다는 뜻입니다. 좋아하는 사람이 생겼을 때 그 사람에게 사랑받고 싶다는 생각도, 나와 당신이라는 공동체의 중심에 있고 싶다는 의미인 거죠.

사람은 행복해지면 다른 이의 관심에서 멀어집니다. 어릴 때부터 공동체의 중심에 있으며 언제나 관심을 갈구하며 살아온 사람은 이 사실을 받아들이려면 용기가 필요합니다.

우리는 계속 행복'해지는'이라고 썼는데, '지금은 행복하지 않지만 언젠가는 행복해지는 건' 없습니다. 또 무슨 일이 일어나 갑자기 불행해지거나 행복해지는 것도 아닙니다. 행복해지기 위해 무슨 일이든 일어나길 기대하는 듯 보이나, 지금 존재하는 행복 외에 다른 행복은 없습니다.

'더 행복해지고 싶다'라는 생각도 잘못된 것입니다. 행복은 양으로 따질 수 있는 것이 아닙니다. '더' 행복해질 수 있는데 그렇게 못 되는 게 아니라 지금도, 앞으로도 행복은 변하지 않습니다. '앞으로도 변하지 않는다'라는 말은 이미 행복한 상태이며 그 외에 다른 행복은 없다는 뜻입니다. 단적으로 말해 사는 자체가 행복입니다. 이 사실을 아는 게 행복해지는 길입니다.

러시아 문학을 대표하는 세계적인 소설가 도스토예프스키의 책 『백치』에 등장하는 사형수는 이제 자신에게 5분밖에 남지 않는다는 사실을 알고는 이 한없이 긴 시간을 어떻게 쓸지 생각했습니다. 먼저 친구들과의 작별 인사에 2분, 마지막으로 한 번 더 자신을 되돌아보는 시간으로 2분, 그리고 남은 시간은 이승에서 마지막으로 주변 풍경을 바라보는 데 쓰기로 했습니다. 그런데 그는 사형을 면하게 됩니다. 그후 그는 주어진 무한한 삶의 시간을 어떻게 보냈을까요? 그는 일일이 계획을 세우지 않고 대부분을 되는대로 보냈습니다. 어렵게 건진 목숨, 1초도 헛되이 보내지 않고 성실하게 살았다가 아니라 되는대로 살았다는 결말이 너무도 현실적입니다.

숨 막힐 듯 빡빡하게 인생을 살지 않아도 괜찮습니다. 세세한 계획 없이 살 수 있는 인생은 행복한 인생입니다. 지금이 '불행한 건 아니다'라고 말할 수 있는 사람은 행복한 사람입니다.

딱히 열정을 쏟고 싶은 것도
인생 목표도 없습니다.
이대로 나이만 먹는 게 불안합니다

문득 주위를 둘러보니 하나둘 결혼하고 아이도 키우며 순조롭게 가정을 꾸려가고 있습니다. 높게 세운 목표를 성취하고자 일에 전념하는 사람들도 있습니다. 그런데 나는 어떤가요? 열정을 쏟아붓고 싶은 것도 없고 시간만 점점 가는데 어떻게 하면 좋을까요?

열정을 쏟고 싶은 대상이 없어도,

대단한 인물이 되지 못해도

어떻습니까. 사실 인생의 목표는

없어도 괜찮습니다.

애초에 '이대로 나이만 먹어 가는 인생'을 살 수 있는지 자체가 의문입니다. 나이'만' 먹는 게 가능하다면 나이를 제외한 나머지는 변하지 않는다는 뜻이기 때문입니다. 하지만 실제는 모든 것이 변합니다.

먼저 나를 둘러싼 환경을 살펴보겠습니다. 요즘은 한 직장에서 정년까지 근무하는 사람보다 이직하는 사람이 더 많습니다. 이직할 마음은 없더라도 다니던 회사가 망할 수도 있습니다.

저도 나이만 먹을 수는 없습니다. 고등학생 시절, 담임 선생님이 반 친구가 쓴 글을 비평한 적이 있었습니다. 그 글에는 '오늘도 하는 일 없이 지냈다'라는 문장이 있었습니다. 그 문장을 보고 선생님은 "정말 아무것도 하지 않고 보낼 수 있다면 대단한 것이다"라고 말했습니다. 인간은 무의미하게 시간을 보낼 수 없다는 뜻입니다. 맞는 말입니다. 산다는 것은 움직이는 것, 그리고 변화하는 것입니다. 살아 있는 한 우리는 계속 변합니다.

철학자 모리 아리마사森 有正(1911~1976)는 프랑스 파리의 노트르담 사원 뒤쪽 공원에 심어진 어린 마로니에 나무가 성장해 가는 모습과 센Seine 강을 거슬러 올라가는 거룻배

를 보며, 책 『여행 하늘 아래에서旅の空の下で』에서 이렇게 말했습니다.

노트르담의 묘목은 안 보던 사이 몇 배로 성장했다.
무심결에 방금 바라보고 있던, 느릿느릿 거슬러 올라가는
거룻배는 사람들의 눈을 피해 상류 저편으로 사라져 버렸다.
이 장면은 나에게 실로 깊은 인상을 남겼다.
언제 봐도 싫증 나지 않는 경치다.
내 내면의 무언가가 이 장면에 호응하기 때문이다.

매일 보면 묘목의 성장이 보이지 않지만, 묘목은 매일매일 자라 어느새 큰 나무가 됩니다. 센 강을 거슬러 올라가던 거룻배도 마찬가지입니다. 그는 '싫증 나지 않는 경치'라고 표현했는데, 매일 정신 없이 사는 사람은 자기 내면에서 '천천히 변화해 가는 것'과 흥미가 없어 '천천히 움직이는 것'에는 관심이 가지 않는지도 모릅니다. 나이를 먹는 것 외에 다른 것은 '변하지 않는' 게 아니라 '변화가 보이지 않는' 것입니다.

모리 아리마사는 이 보이지 않는 변화를 '변모變貌'라고

불렀습니다. 새로운 일을 경험하지 않아도 인간은 계속 변모합니다. 어른에게는 더 이상 어릴 때처럼 매일 새로운 것을 배우고 어제는 못했던 일이 오늘은 가능해지는 것과 같은 '눈부신 성장'은 불가능할지 모르지만 변모할 수는 있습니다. 독일의 시인 릴케는 『젊은 시인에게 보내는 편지』에서 이런 글을 남겼습니다.

> 나무는 수액의 흐름을 재촉하지 않고
> 봄바람 속에 유유히 서 있다가, 혹시라도 여름이
> 오지 않을까 걱정 같은 것은 하지 않습니다.
> 여름은 반드시 찾아옵니다. 마치 눈앞에 영원이 있는 듯
> 조용히 그리고 묵묵히 기다리는
> 인내심 강한 사람에게만 찾아옵니다.

인간이 나무와 다른 건 나이만 먹어 간다고 '불안'을 느낀다는 점입니다. 왜 불안해질까요? 조용히, 묵묵히 기다리지 못해서입니다. 불안을 느끼지 않고 살고 싶다면 '마치 눈앞에 영원이 있는 듯' 앞일 생각은 멈춰보면 어떨까요?

'이대로 나이만 먹어 가는 것'만으로도 행복

지금은 '변화'가 보이지 않을 수도 있습니다. 앞으로 그저 '나이만 먹어 가는' 평온한 인생을 보낼 수 있다고 생각하는 듯도 합니다. 물론 살아가면서 피할 수 없는 변화가 반드시 좋은 것은 아닙니다. 그렇다고 꼭 나쁘다고도 할 수는 없습니다. 우리는 그저 '이렇게 살면 안 되겠다'라는 생각에 걱정이 되는 것입니다. 그렇게 생각하는 이유는 흔히 모두가 부러워하는 인생을 살지 못하고 있기 때문 아닐까요?

딱히 열정이 없어도, 대단한 인물이 아니어도, 그럴싸한 인생 목표가 없어도 저는 괜찮다고 생각합니다. '그럴싸한 인생 목표'가 구체적으로 무엇을 가리키는지는 사람마다 다르겠지만, '결혼'이나 '승진' 같은 것이라면 그것은 '성공'하기 위한 목표입니다.

철학자 미키 기요시三木 清(1897~1945)는 성공을 '일반적'인 것으로 생각했습니다. 사람들 대부분은 인생에서 성공하고 싶어 합니다. 좋은 학교에 입학하고, 좋은 회사에 취직해서 승진하고, 가족을 만드는 것이지요. 취업 준비 중인 대학생은 모두 똑같은 차림을 하고 있습니다. '취업'이라는 성공을 거두려면 다른 사람과 달라서는 안 됩니다. 성공에 명확한 정답이 있는 건 아니지만, 원하는 모양새는 비슷한 법이니까요.

한편 '행복'은 성공과 달리 '각자 나름의 방식'이 있습니다. 행복하고 싶은 사람은 다른 사람과 똑같을 필요가 없습니다. 그들은 성공을 바라는 사람이 도저히 이해할 수 없는 인생을 삽니다. 우리는 적어도 성공은 바라지 않더라도 행복하고 싶을 것입니다. 불행해지길 바라는 사람은 없습니다.

미키 기요시는 성공과 행복을 비교했습니다. 그의 말에 따르면 행복은 인생에서 상위에 있는 목표라면, 성공은 행복하기 위한 수단입니다. 단, 성공한다고 반드시 행복해지는지는 알 수 없습니다. 성공과 행복은 전혀 다르며 성공해도 행복하지 않다고 느끼는 사람이 많습니다. 그는 성공이 '과정'인데 반해 행복은 '존재'라고 말합니다. 성공은 무언가를 달성해야 하지만 행복은 아무것도 이루지 못해도 '그 자체'로 행복하다는 의미입니다. '이대로 나이만 먹어 가는 인생'일지언정 충분히 행복할 수 있습니다.

일과 관련지어 생각해 보면 사람은 일하기 위하여 사는 게 아니라 행복하기 위하여 일합니다. 일이 싫거나 사는 보람이 없다고 느껴진다면 이상한 일입니다. 지금은 어쩔 수 없이 일하고 있지만 돈만 모이면 이것저것 하고 싶은 사람이 많을 것입니다. 하지만 굳이 즐거움을 미루지 않아도 '지금' 삶의 보람을 느끼고 행복할 수 있습니다. 만약 지금 하는 일을 싫지 않고, 억지로 참고 일하는 게 아니라면 그것은 '행복'인 것입니다.

이야기를 종합하면, '열정을 쏟을' 정도는 아닐지라도 시간 가는지도 모를 '무언가'가 생긴다면 좋지 않을까 싶습니다. 여러분도 뭐라도 해보고 싶은 일이 생기기를 바랍니다.

돈을 모아야 하는데,
저축하면 너무 쪼들려 사는 재미가
없을 것 같아 걱정입니다

'돈'은 우리 생활에서 떼어놓을 수 없는 고민거리입니다. 우리는 보통 나중을 생각해서, 또는 취미나 학비 등을 위해 생활비를 아껴 저축합니다. 하지만 그 과정은 즐겁지 않습니다. 여행 한 번 가기 힘들어지고 먹고 싶은 게 있어도 마음껏 먹을 수 없습니다. 이런 생활이 계속되면 돈을 모아야 하는 확실한 이유가 있는데도 사는 게 재미없어집니다. 이럴 때는 어쩌면 좋을까요?

A

아껴야 한다는 생각에

'지금' 생활이 즐겁지 않다면

저축하는 의미가 없습니다.

돈을 모으는 '목적'을

다시 생각해 봐야 합니다.

먼저 왜 저축해야 하는지부터 생각해 봅시다. 당연히 '행복'하게 살기 위해서겠지요. 우리의 모든 노력은 결국 나의 행복이 최종 목적지일 것입니다. 문제는 어떻게 하면 행복해지는지, 행복해지려면 어떻게 하면 되는지, '수단'을 잘못 선택할 때 발생합니다.

우리는 당장 무슨 일이 일어날지 알 수 없는 시대를 살고 있습니다. 건강을 해치거나 회사가 갑자기 망해 일자리를 잃는 일은 언제든 누구에게나 일어날 수 있습니다. 이렇게 생각지도 못한 일에 맞닥뜨렸을 때 대처할 수 있으려면 뚜렷한 목적이 없더라도 평상시 돈을 모아 놓아야 하는 건 분명한 사실입니다.

그렇다고 생활비를 너무 아낀 나머지 사는 게 즐겁지 않을 정도라면, 아무리 나중에 편하고 행복하게 산다 한들 지금 당장 돈을 모으는 게 의미 있다고 보기 어렵습니다. 인간은 '지금, 이 순간'에서만 행복해질 수 있습니다. 과거를 돌이켜보면 누구나 행복했던 때가 있습니다. 하지만 지금 행복하지 않으면서 '그때는 좋았는데'라며 아쉬워한들 아무 소용이 없습니다. 행복했던 기억도 불행했던 기억도 이제는 어디에도 존재하지 않는 과거일 뿐이니까요. 만약 행복했던 날들이 지금까지도 이어지고 있다면 그것은 '지금, 이 순간'에 느끼는 행복입니다.

반면에 미래는 어찌 될지 모릅니다. 사는 한 내일은 분명 찾아옵니다. 그런데 그 내일이 내가 오늘 상상한 모습으로 찾아온다는 보장은 없습니다. 그러므로 돈을 모아도 그 목적을 이룰 날이 찾아올지 어떨지 확실하지 않다면 인생을 되짚어 볼 필요가 있습니다.

지금은 예선이 아닌 본선

인생을 여행에 빗대어 말하는 사람이 많은데, 진짜 여행 같은 삶을 사는 사람은 많지 않습니다. 미키 기요시는 책 『인생론 노트』에서 다음과 같이 말했습니다.

> 일상에서 우리는 항상 주로 도달점을,
> 결과만을 문제 삼는다. 이것이 행동이라던가
> 실천이라고 하는 것의 본성이다.

우리는 살면서 목적을 만들고 그 목적을 이루려면 어떻게 해야 하는지 생각합니다. 결과를 내지 못하면 그 행동은 실패 또는 미완성으로 치부됩니다. 하지만 여행은 그리 쉽게 판단할 수 없습니다. 미키 기요시는 다음과 같은 이야기도 남겼습니다.

여행은 과정이기에 방랑이다.
출발점이 여행인 것이 아니고, 도착점이 여행인 것도
아니다. 여행은 끝임없는 과정이다. 목적지에
도착하는 것만을 중시한 나머지 여정을 즐기지 못하는 자는 여
행의 진정한 즐거움을 모르는 사람이라 할 수 있다.

출근이나 출장이라면 반드시 목적지에 도착해야 합니다. 이럴 때는 최대한 효율적으로 이동해야 합니다. 그러나 여행은 그 과정을 즐기는 것이니 전혀 서두를 필요가 없습니다. 이유가 있어 목적지에 이르지 못해도 실패나 미완성이 아닙니다. 어디 갈지 정한 뒤 여행길에 나섰다가 중간에 마음이 바뀌어 목적지가 달라지기도 합니다.

'인생'이라는 여행은 정처 없이 방랑하는 과정으로, 설령

목적지에 도달하지 못해도 그 과정이 즐거웠다면 그걸로 된 것입니다.

'지금'은 미래의 목적을 달성하기 위한 준비기간이 아닙니다. 인생의 모든 단계는 현재가 '본선'입니다. 미래를 대비한다는 이유로 필요 이상으로 생활비를 아낀다면 앞서 말한 인생의 진정한 의미는 퇴색하고 맙니다.

다음으로 저금하는 목적이 현재의 생활비를 아껴야 할 정도로 중요한 것인지, 설령 목적을 달성하지 못해도 그 과정은 즐겁게 받아들일 수 있는지 등을 되짚어 볼 필요가 있습니다. 그리고 그 목적에는 상위 목적이 있습니다. 그것은 처음에 언급한 '행복'입니다. 미키 기요시는 같은 책에서 행복이 성공과 대조되는 것이라 보고 다음과 같이 말했습니다.

행복은 존재와 연관되고,

성공은 과정과 연관된다.

성공하기 위해서는 무언가를 반드시 달성해야 하지만, 무엇 하나 달성하지 못해도 인간은 지금 이곳에서 행복할 수 있습니다. 저축하는 목적이 무엇인지는 모르나 아직 목적을 달성하지 않은 지금도 이미 행복한 상태라는 뜻입니다. 목적을 달성하는 과정을 즐길 수 있다면 목적을 만드는 일도, 그 목적을 이루기 위해 저축하는 일도 문제가 되지 않습니다.

다만 목표를 실현해 가는 과정에서 삶이 즐겁지 않다면 그건 문제입니다. 아낀다는 생각만 하지 말고 당장 지금 이곳에서 행복을 찾아보는 건 어떨까요?

Q11

노후가 걱정됩니다.
언제까지 일해야 할지, 나이 먹고도
할 일이 있을지 불안합니다

'정년 60세'는 이제 옛말입니다. 65세 정년제가 도입되면서 현역으로 보내는 시간이 점점 늘어나고 있습니다. 건강수명이 늘면서 인생을 즐길 수 있게 된 건 좋은 일입니다. 하지만 그와 동시에 많은 사람들이 이 세상의 미래와 자신을 생각하며 불안해합니다.

A

생각할수록 헛될 뿐입니다.

불안은 미래에 대해 느끼는 것,

현실이 되는 순간 불안은

사라집니다. 노후 걱정은

'그때' 가서 하면 됩니다.

'인생 100세 시대'라고 합니다. "그렇게 오래 살아야 해? 무섭다"라는 사람도 있습니다. 앞으로 장수하는 사람이 점점 느는 건 사실이지만, 그렇다고 내가 몇 살까지 살 수 있을지는 아무도 모릅니다. 장수는 희망 여부와 상관없이 우리가 선택할 수 있는 일이 아닙니다.

젊고 건강한 사람은 자신이 병에 걸린다는 상상조차 하기 어렵습니다. 병에 걸리면 계획했던 일을 중단하거나 연기할 수밖에 없습니다. 그렇기에 삶의 방향성이 바뀔 정도의 큰일을 겪지도 않고 100세까지 산다는 전제하에 인생을 설계한다니 저는 이해가 잘 안 됩니다. 찾아오지 않을지도 모를 미래의 일을 걱정하며 두려워하고 불안해하는 건 의미가 없습니다.

젊은 사람들이 앞으로의 인생에 대해 구체적으로 이야기하는 것을 자주 접합니다. 대부분 학교를 졸업하고 결혼해서 아이를 낳고 내 집을 마련하는 정도까지만 구상합니다. 아마 부모님도 아직 젊고, 조부모님과 같이 살지 않았을 세대라 노후까지 상상하기란 어려울 것입니다. 그런데 이상하게도 노후 생활이 힘들 거라고 생각하는 사람은 많은 듯합니다. 사실 인생의 힘듦은 나이와 상관없이 삶의 모든 시기에 경험합니다. 나이를 먹었다고 특별히 더 힘든 것은 아닙니다.

당장 노후를 생각하면 불안하겠지만 일어날 일은 일어나고 일어나지 않을 일은 일어나지 않습니다. 아직 오지 않은 미래 때문에 불안해한들 소용없습니다. 모든 일은 그때 가서 생각하면 됩니다.

삶에는 고통이 따르고 그만큼 기쁜 일도 많습니다. 예를 들어 병에 걸리기를 바라는 사람은 없겠지만(병에 걸리지 않아야 되겠지만) 병에 걸렸기에 알게 되는 세계도 있습니다. 면역학자 타다 토미오多田 富雄(1934~2010)는 뇌경색으로 쓰러졌을 때 목숨은 건졌지만 목소리를 잃고 몸 오른쪽을 쓸 수 없게 되었습니다. 필사적으로 재활에 힘쓴 그는 『과묵한 거인寡黙なる巨人』에서 다음과 같은 글을 남겼습니다.

병이라는 저항 덕에 무언가를
달성했을 때의 기쁨은 이를 데 없다는 사실을 배웠다.

'병이라는 저항'이 없다면 가장 좋겠지만, 병에 걸리고 이를 극복해 나가면 그 후의 삶은 완전히 바뀌게 됩니다. 몸을 움직일 수 있는 게 당연한 일이 아니라 '기적'이라는 사실을 깨달으면 어떤 사소한 일에도 기쁨을 느낄 수 있게 됩니다.

우리가 살면서 느끼는 고통이나 어려움은 새가 날 때 필요한 공기 저항과도 같습니다. 새는 진공 속에서는 날 수 없습니다. 공기 저항이라고 하는 바람 안에서만 날 수 있습니다. 가끔 바람이 너무 세서 새가 밀려 돌아올 때가 있습니다. 그래도 끝까지 날기를 포기하지 않는 새를 보며 삶이란 이런 것이라는 생각이 듭니다.

요즘 시대는 연금 지급 개시도 늦춰졌고 금액도 많지 않아 노후에 어떻게 생계를 꾸릴지 대책을 세워봐야 합니다. 일을 안 하면 먹고살기 힘들 수 있다는 불안은 분명히 있습니다. 내 의지와 상관없이 좋든 싫든 일해야 합니다. 이런 현실 때문에라도 노후에도 일할 수 있는 건 어쩌면 감사한 일이지 피하고 싶은 일이 아닙니다.

다만 현실적으로 일할 수 있을지는 미지수입니다. 일 자체가 없을 수도 있고 일이 있어도 질병이나 나이를 이유로 나를 받아주는 데가 없을 수도 있습니다. 이런 현실에 직면할지도 모르지만 그건 '그때' 가서 고민할 수밖에 없는 문제입니다.

지금부터 할 수 있는 것

어쩌면 일하지 못할까 봐 불안해하는 게 아니라 지금은 젊으니 일하는 게 당연하지만, 늙어서까지 계속 일해야 하는 인생을 불안해하고 있는 거일지도 모릅니다. 어떻게 될지 아무도 모르나 지금부터 준비할 수 있는 것이 있습니다. 바로 '무조건 일해야 해'라고 생각하지 않는 것입니다. 일은 의무감에 하면 흥미를 잃습니다. 하고 싶은 일을 하면 늙어서도 계속 일할 수 있다는 사실에 행복을 느낄 것입니다. 일반적으로 회사에 다니면 정년이 있습니다. 정년 후에도 계속 일을 한다고 해도 젊을 때부터 일하는 게 행복하다 느낀 사람이라면 '무조건 일해야 해'라는 생각은 하지 않을 것입니다.

그러면 실제로 일을 못 하게 됐을 때는 어떻게 생각하면 좋을까요? '생각하는 사람'이라는 조각으로 유명한 프랑스의 조각가 로댕은 "Bonjour(안녕하세요)"라고 인사한 뒤 "Avez-vous bien travaillé?(일 잘하셨나요?)"라는 질문을 빼놓지 않았다고 합니다(츠지 쿠니오辻邦生의 『장미의 침묵薔薇の沈黙』). 로댕이 만나는 사람마다 이 질문을 한 이유는 그가 거의 쉬지 않고 작업에 몰두했기 때문입니다. 그렇다면 '일'의

의미를 확장해 보면 어떨까요? 책 읽기, 편지쓰기, 산책하기, 멍하게 있기, 잠자기 등등. 무언가를 하든 하지 않든 살아 있는 것 자체가 '일'을 하고 있다는 뜻입니다.

인간의 가치는 '일'에 있지 않습니다. 하지만 현대사회는 생산성에 가치를 두는 시대이기에 병이나 장애, 고령을 이유로 일하지 못하는 사람을 '가치가 없다'라고 여기는 사람이 있습니다. 이들은 자신도 언젠가 일을 못 하게 될 수 있다는 생각 자체를 해본 적이 없지 않을까요?

더 이상 일을 못 한다고 해서 나의 가치가 사라지는 것은 아닙니다. '일'의 의미를 넓게 생각하여 다른 사람이 봤을 때는 아무것도 안 하는 듯 보여도 '일하는 중'이라고 생각하거나 '살아 있는 것' 자체에 의미가 있다고 여기면 어떤 상황에 있는 사람이라도 이 세상에서 공존할 수 있습니다. 그리고 더는 노후를 불안해하지 않게 될 것입니다.

Q12

월요일이 오거나 연휴가 끝나면 우울한데, 어떻게 하면 기분을 전환할 수 있을까요?

즐거웠던 주말이 끝나고 일요일 저녁이 되면 스멀스멀 우울 감이 몰려옵니다. 우리 모두 이런 경험을 한 적이 있을 것입니다. 일명 '월요병'이라고 하지요. 주말이나 연휴가 끝나고 현실로 돌아가는 게 괴로운 건 당연합니다. 이 우울한 기분을 조금이라도 해소할 방법이 있을까요?

A

도저히 출근 못 하겠다

싶을 때는 과감히 쉬는 것도

한 방법입니다.

일요일이나 연휴 마지막 날은 우울하기 마련입니다. "드디어 휴가 끝! 오늘부터 다시 열심히 일하자"라며 직장으로 향하는 사람은 거의 없을 거라고 봅니다. 우울한 기분을 '조금이라도' 바꿔보고자 이렇게 생각하는 건 바람직한 자세라고 생각합니다.

여기서 우리는 반드시 짚고 넘어가야 하는 사실이 있습니다. 그 '우울함'은 내가 만들어 냈고, 내 마음을 무겁게 하는 것도 나라는 점입니다. 모든 기분에는 원인이 있는데, 그것이 꼭 결과로 나타나는 것은 아닙니다. 월요일이나 연휴가 끝나고 출근할 때 우울함을 느끼는 사람이 많을지도 모르나 모두가 그렇지는 않은 것처럼요. 또 단순히 월요일만 우울한 게 아닐 수도 있습니다. 미국의 작가 톰 존스Thom Jones(1945~2016)의 단편 소설집에 수록된 작품에 「스토미 먼데이Stromy Monday」라는 노래의 가사가 인용되어 있습니다.

They call it stormy Monday, but, Tuesday's as bad.

작가 무라카미 하루키는 역서 『월요일은 최악이라 모두가 말하지만月曜日は最悪だとみんなは言うけれど』에서 이를 다음과 같이 번역했습니다.

> 월요일은 최악이라 모두가 말하지만,
>
> 화요일도 만만찮게 별로다.

월요일에 우울한 사람은 그 이유를 이것저것 만듭니다. 월요일이어서 우울한 건 아닙니다. '우울해야만 하는 이유'가 있다고 보는 게 논리에 맞습니다. '감정을 만들어 내는 것'이 무엇인지 꿈을 예로 들어 설명해 보겠습니다.

아침에 잠에서 깨기 전에 기분 나쁜 꿈을 꿀 때가 있습니다. 아들러는 그런 꿈을 꾸는 데는 목적이 있다고 생각했습니다. 꿈은 왜 꾸는 걸까요? 첫째로 꿈속에서 현실 생활을 시뮬레이션하기 위해서입니다.

예를 들어 평상시 감정을 잘 드러내지 않는 사람이 꿈에서는 큰 소리를 내거나 분노를 폭발시켜 보고 싶은 마음이 드는 겁니다. 현실에서 그렇게 행동하면 리스크가 크지만, 꿈속에서는 뭐든 할 수 있습니다. 시험 삼아 꿈속에서 버럭 화를 내봤는데 기분이 전혀 좋아지지 않았다면 현실에서 그렇게 행동하지 않을 터이고, 반대로 속이 시원해졌다면 실제로 화를 한 번 내보는 것도 나쁘지 않겠다고 생각할 수도 있습니다. 또는 분노의 대상이 정해져 있다면 꿈에서 그 사람에게 화를 내고 기분을 풀지도 모릅니다.

시험을 앞둔 사람이 시험 보는 꿈을 꿀 때가 있습니다. 만약에 시험에 합격하는 꿈이라면(특히 시험 당일에 꾼다면) 매우 기분이 고양된 상태로 진짜 시험에 임할 수 있습니다. 자신감도 더 생겨나 평소 실력보다 더 좋은 결과를 내기도 합니다.

물론 어디까지나 기분의 문제이므로 공부도 제대로 안 했는데 합격하는 꿈을 꾸었다고 해서 합격하는 건 아닙니다. 반대로 시험에서 떨어지는 꿈을 꾼 사람은 어떻게 될까요? 이런 사람은 불합격했을 때의 상황을 시뮬레이션하게 됩니다. 기분이 착잡할 것입니다.

악몽을 꾼 사람은 우울한 마음으로 시험을 봤다가 실패할 수도 있고, 반대로 최악의 사태를 이미 간접적으로 경험했기에 마음을 단단히 먹고 시험에 임해 보란 듯이 합격할지도 모릅니다. 합격하지 못했다면 그런 꿈을 꾼 탓을 할 수도 있습니다.

어떤 경우라도 꿈을 꾸는 데는 목적이 있습니다. 바로 감정을 만들어 내는 것입니다. 대부분 스토리는 중요하지 않습니다. 잠에서 깼을 때 어떤 감정이든 만들어 낼 수만 있으면 됩니다.

심플하게 살기

하던 이야기로 돌아가면 우울하다는 이유로 회사를 하루 쉬면 논리에 맞아 보이지만, 우리는 대부분 월요병을 안고 회사에 가려고 합니다. 왜 그렇게까지 하며 출근하려고 하는 걸까요? '이렇게 우울한데도 출근하는 나, 대단하지 않아?'라고 생각하고 싶은지도 모릅니다. 그런데 그냥 심플하게 살면 어떨까요? 도저히 출근하기 싫은 날은 쉬면 됩니다. 물론 갑자기 쉰다고 하면 상사나 회사에 안 좋은 인상을 줄 수 있고 해야 할 일은 쌓이겠지만 쉬기로 한 데에 따른 책임이니 내가 짊어지는 게 당연합니다.

나아가 '무엇을 위해 일하는지'도 생각해 봐야 합니다. 대부분은 이 점을 깊이 생각한 적 없는 것 같습니다. 일하지 않으면 생활이 안 되기 때문입니다. 문제는 하루 중 가장 많은 시간을 직장에서 보내는데 그 시간을 괴로워하면 사는 것 자체가 힘들어집니다. 저는 이 질문에 이렇게 답하고 싶습니다. '사람은 일하기 위해 사는 게 아니라 행복하게 살기 위해 일하는 것이다.'

한 가지만 더 이야기하자면 출퇴근 중에는 회사 일은 신경 쓰지 않아도 괜찮습니다. 쉬는 날에도 일은 잊고 푹 쉽시다. 회사 밖에서는 업무 생각은 잠시 접어둡시다. 그러면 막상 회사에 왔을 때 생각만큼 일하기 싫지 않을 수도 있습니다.

앞서 「스토미 먼데이」의 가사를 소개했는데, 월요일은 거칠 수도 있습니다. 마치 폭풍이 올 것처럼 말이죠. 그런데 최악일지 어떨지는 아무도 모릅니다. 두근거리는 마음으로 폭풍을 기다려 보는 건 어떨까요? 나아가 그 폭풍 속으로 뛰어 들어가면 기분이 한결 가벼워지지 않을까 싶습니다.

이제 나이가 드는 게
두려워졌습니다

"아직 젊으니까 괜찮아."

"앞날이 창창해."

이런 말을 듣던 시절도 있었습니다. 그런데 이제는 느긋한 마음으로 이 말을 들을 수 없는 나이가 되었습니다. 사람이 나이를 먹어 가는 의미를 함께 생각해 봅시다.

A

나이 듦에 적응하지 못하는

자신을 긍정적으로 생각합시다.

젊음을 잃는 것은

'기쁨'이기도 합니다.

사람은 살아 있는 한 반드시 나이를 먹습니다. 그리고 모두가 나이 드는 것을 두려워하지는 않습니다. 시인 이바라기 노리코茨木のり子(1926~2006)는 "아, 나는 지금 스무 살이구나" 하고 자기 나이를 진지하게 의식한 적이 있었다고 합니다.

그 시절 젊음에는 누구도 관심을 주지 않았습니다. 모두가 살아남느냐 마느냐의 막다른 골목에서 생존을 위한 일만으로도 벅찬 시기였기 때문입니다. 그로부터 10년 뒤 그녀는「내가 가장 예뻤을 때」라는 시를 썼습니다. 그녀는『이바라기 노리코 모음집 말 1茨木のり子集 言の葉 1』에 수록된 에세이「스무 살 패전はたちが敗戦」에서 '그 당시의 아쉬움 때문에' 이 시를 썼는지도 모른다고 말했습니다.

내가 가장 예뻤을 때
아무도 내게 다정한 선물을 주지 않았다
남자들은 거수경례밖에 몰랐고
순수한 눈짓만을 남기고 다들 떠나버렸다

이 시의 마지막 문장은 다음과 같습니다.

그래서 결심했다 될수록 오래 살기로

나이 들어서 굉장히 아름다운 그림을 그린

프랑스의 루오 할아버지처럼

그렇게…

그녀는 제2차 세계대전 중 학교에서 약품 제조공장으로
동원령이 떨어졌을 때의 일을 같은 에세이에 썼습니다.

"비상시국이다. 다들 어디선가 죽어도

어쩔 수 없다고 생각해라"라는 말과 함께 아버지께

배웅받으며 밤차로 출발하기 위해 고향 역 앞에 섰을 때,

밤하늘은 반짝이는 별로 가득했다. 특히 전갈자리가

반짝거렸다. 당시 나의 유일한 즐거움은 별을 보는

것이었다. 그것만이 남겨진 아름다움이었다.

그래서 배낭 속에도 별자리 일람표만큼은 잊지 않고 넣어왔다.

그날 본 밤하늘이었는지는 모르지만 '전갈자리 중 가장
밝은 별 안타레스'를 노래한 「여름 별에게夏の星に」라는 시가
있습니다. 시인은 밤하늘에 빛나는 별들에게 호소했습니다.

아름다운 그대들이여

내가 지상의 보석을 바라지 않는 것은 이미

그대들을 보고야 말았기 때문이리다 틀림없이

천상의 미美를 '보고야 말았다'. 이렇게 그녀의 관심은 나이를 먹으면 변하는 아름다움, 누군가에게 꼭 인정받아야만 하는 아름다움에서 멀어져 간 듯합니다.

과거의 경험은 모두 소중하다

계속 젊을 수 있다면 나이가 드는 게 두렵지 않을 것입니다. 미키 기요시는 책『말하지 않는 철학』에서 트로이메라이 Träumer(독일어로 '몽상가')를 다음과 같이 설명했습니다.

세상 물정에 밝은 영리한 사람들은

친절히 나에게 몇 번이고 말해 주었다.

"너는 트로이메라이야. 그 꿈은 반드시 절망에 부딪혀

깨질 테니 현실적인 사람이 되거라."

나는 나이도 어리고 경험도 부족하다. 그러나 내 마음은 다음과 같이 나에게 답하게 한다. "저는 아무것도 모릅니다. 그저 순수한 마음은 영원히 꿈을 꾼다고 생각합니다."

몽상가는 이상을 가지고 진심으로 살아가려 합니다. 마치 나그네가 북극성을 길잡이 삼아 떠도는 것처럼 '길잡이 별(아들러의 『아들러 삶의 의미』)'에서 눈을 떼지 않는 한 헤매지 않습니다. 재일 한국인 작가 유미리의 소설 『도쿄 우에노 스테이션』에 이런 구절이 있습니다.

어떤 일이든 익숙해졌는데 인생만큼은 익숙해지지 못했다. 인생의 고통에도, 슬픔에도… 기쁨에도…

인생에 익숙해지지 못한 사람이야말로 영원히 젊게 있을 수 있습니다. 그와 동시에 나이가 들면서 알게 되는 것도 있습니다. 비록 삶은 고통스럽고 나이가 들수록 점점 더 그렇게 느껴지는 일이 많아지는 것은 사실이지만, 나이가 들어야 경험할 수 있는 일이 있습니다. 나가사키 피폭 작가 하야시 쿄코林 京子(1930~2017)는 책 『긴 시간을 들인 인간의 경

험長い時間をかけた人間の経験』에서 다음과 같이 말했습니다.

열너댓 살에 저세상으로 간 친구들은
젊음의 아름다움도 모르고, 강하면서 부드러운
팔에 안겨보지도 못한 채 가버렸다. 사랑하는 즐거움,
마음의 고통을 맛보게 해주고 싶었다.

기원전 6세기 아테네 정치가였던 솔론은 헤로도토스의
『헤로도토스 역사』에서 이렇게 말했습니다.

인간은 살면서 보고 싶지 않은 것들을 봐야만 하고,
마주치고 싶지 않은 것들도 마주쳐야만 한다.

생각만 해도 싫으나 다행히 길게 살면서 지금까지의 인생
을 되돌아보니 과거에 경험한 일들이 소중하게 여겨집니다.
신경정신과 의사 가미야 미에코神谷 美惠子(1914~1979)는『삶
의 보람에 대하여』를 집필하던 중 다음과 같은 일기를 남겼
습니다(『가미야 미에코 일기神谷美惠子日記』).

과거의 경험과 공부를 모두 살려 하나로 모을 수 있다는 건 참
으로 감동적인 일이다. 매일 그 사실을 생각하고,
생각할 때마다 깊은 행복감으로 채워진다.

나이가 든다는 게 어떤 것인지 여기에 훌륭히 표현되어
있습니다. 지금까지 살면서 경험한 것을 '모두 살려 하나로
모을 수 있다'는 건 행복한 일입니다.

하기 싫은 업무는
어떻게 대처하면 좋을까요?

일하고 싶던 업계로 들어와 지원한 회사에 입사하고 바라던 부서에 배치되어도 많든 적든 '하고 싶지 않은 업무'를 만나게 됩니다. 생각만 해도 우울해지는 업무와 타협할 방법이 있을까요?

A

먼저 내가 생각하는

'하고 싶지 않은 업무'를

냉정하게 분석해 봅시다.

일하다 보면 내키지 않는 업무를 해야만 하는 때가 종종 있습니다. 당장 눈앞에는 일을 안 하면 먹고살 수 없다는 냉혹한 현실도 있습니다. 그렇다고 '이 업무는 하고 싶지 않아. 그래도 먹고살려면 어쩔 수 없어'라고 생각하며 시간을 보내는 건 너무 괴롭습니다. 생활을 위해 어쩔 수 없다고 생각하면 더 하기 싫어질 뿐입니다. 우리는 하기 싫은 업무를 상대하는 방법을 바꿔야 합니다.

들어가고 싶은 회사에서 해야 하는 업무가 내가 원하는 일이 아닌 것을 알면 아예 입사하지 않으면 됩니다. 문제는 내가 원해서 취직했는데 기대나 예상을 저버릴 때입니다.

편집 업무가 하고 싶어서 출판사에 들어갔더니 영업 업무를 하게 되었다고 가정해 보겠습니다. 입사 때 아무 이야기도 듣지 못했다면 왜 자신이 이 업무를 해야 하는지 상사에게 물어야 합니다. '신입 주제에 자기가 하고 싶은 일을 할 수 있다고 생각하는 자체가 잘못'이라던가 '나도 막 입사했을 때는 하고 싶은 일 못했다'라는 상사의 말을 그대로 수긍하지 맙시다.

제가 병원에 상담사로 고용된 적이 있었는데, 접수 업무까지 보라는 지시를 받았습니다. 접수 업무를 봐야 하는 의미는 이해했지만, 접수를 끝낸 뒤 상담까지 하려니 체력적으로 상당히 힘들었습니다.

이렇듯 하고 싶은 일인데도 막상 해보니 생각보다 훨씬 힘든 일임을 깨닫고 하기 싫어지는 경우도 있습니다. 일에 능숙해지기까지는 절대적인 시간이 필요하기에 금방 두각을 나타내고 상사에게 인정받기란 거의 불가능합니다.

그렇다고 무조건 '하면 된다'라는 정신력도 큰 도움은 안 됩니다. '일하고 싶지 않다'라는 마음이 생겼을 때 조금이라도 그 마음을 완화하려면 어떻게 생각하고 행동하면 되는지를 먼저 생각해 봅시다.

부담을 줄이는 노력

먼저 적성이나 재능과 상관없이 어떤 일이든 조금 해봐서는 하고 싶은 일인지 아닌지를 알 수 없습니다. 일단 깊이 생각하지 말고 얼마간 꾸준히 해보는 게 중요합니다. 그러다 보면 생각지도 못하게 그 일이 재밌어질 수도 있습니다.

그리고 '그 업무의 모든 부분'이 싫은 것은 아니라는 점을 인식해야 합니다. 창의성이나 독창성과 직접적인 관련은 없지만 그래도 필요성에 의해 안 할 수 없는 일이라고 생각하면, 그 일의 모든 부분이 싫은 건 아니라는 걸 찾게 될 수도 있습니다. 그러다 보면 유독 '싫은 부분'이 보일 테고, 그런 업무는 되도록 부담을 줄이기 위해 머리를 짜내야 합니다.

제가 대학교에 다니던 시절에는 논문을 원고용지에 하나하나 손 글씨로 써야만 했습니다. 지금은 프린트 버튼만 누르면 금방 인쇄되어 나오지만, 당시에는 한 시간에 원고지 두세 장밖에 못 써서 며칠을 공들여야 완성할 수 있었습니다. 끝내고 나면 손이 저려 만년필을 쥘 수도 없었습니다. 당연히 원고지 쓰기는 논문 작성의 가장 마지막 단계였고, 거기에 이르기까지 방대한 시간이 걸렸습니다. 논문 제출 마감 기한이 있어서 원고지 작성하는 시간이 부족한 것이 저에게는 가장 큰 문제였습니다.

제 친구는 기한이 임박할 때까지 논문을 쓰고, 원고지 작성은 친구 몇 명에게 부탁했습니다. 저는 하나부터 열까지 스스로 다 해야 한다고 생각했기에 친구가 다른 사람에게 부탁하는 걸 보고 놀랐습니다. 지금은 사람 대신 프린터가 원고지를 작성해 주고 있는 셈인 거죠.

저는 아무것도 없는 상태에서 원고를 쓰는 일이 힘들긴 하지만 싫지 않습니다. 어느 정도 쓰고 나면 인쇄하고, 인쇄한 종이에 빨간 펜으로 수정하면서 가필합니다. 수정하고 가필한 내용을 나중에 컴퓨터로 입력하는 작업이 바로 제가 좋아하지 않는 일입니다. 그래서 인쇄할 때 또는 인쇄하기 전에 직접 컴퓨터 자판에서 수정하는 방법으로 바꿨습니다. 가장 힘을 쏟고 싶은 부분에 집중하기 위해 그 외 부분에는 최대한 시간과 에너지를 줄이는 것입니다.

또한 매일 업무 내용을 기록하고 있는데 업무가 몇 달씩, 몇 년씩 걸리는 일이 많아서 매일 몇 자 썼는지, 교정은 몇 쪽까지 했는지 등을 시간까지 세세하게 기록합니다. 이 작업은 일을 많이 하기 위함이 아니라 페이스를 조절하기 위해서 합니다. 하루에 몇 자를 쓸 수 있고, 한 시간에 몇 장 교정이 가능한지를 알면 하루 작업량을 알 수 있습니다.

앞에 언급한 대로 저는 원고 작성은 좋아하는 편이고 교정은 좋아하지 않기에 좋아하는 일에 시간을 더 많이 투자하고 있습니다.

자판을 치는 데 시간이 걸리는 사람도 있을 것입니다. 자판은 손가락 위치가 정해져 있어 그에 맞춰 연습해야 합니다. 그동안 위치를 무시하고 대충 독수리 타법으로 자판을 쳤던 사람은 처음 연습할 때 시간도 많이 들고 힘들어서 집어치우고 싶을 수도 있습니다. 하지만 자판을 보지 않고 칠 수 있게 되면 업무가 굉장히 수월해집니다.

요즘은 음성 입력도 가능합니다. 아직 과도기에 있는 기술이라 나중에 수정을 거쳐야 하지만 지금 떠오른 것을 음성으로 실시간 입력할 수 있습니다. 더 나아가 일 자체를 하고 싶게끔 만들 수도 있습니다. 언젠가 택시 기사와 이런 이야기를 나눈 적이 있습니다.

"손님을 태우고 이런 말을 하기도 그렇지만, 손님을 태우고 나면 목적지까지 안전하게 운전하기만 하면 되는지라 저는 이 시간은 '업무 중'이라고 생각하지 않습니다. 그럼 저에게는 언제가 '업무 중'이냐 하면 손님이 내리고 다음 손님이 탈 때까지입니다. 이때 멍하니 차를 몰기만 하면 안 됩니다. 언제 어디에서 손님을 태울 수 있는지 데이터를 모읍니다. 10년 동안 그런 마음가짐으로 택시를 몰면 그 뒤 10년이 바뀝니다. '오늘은 운이 없어서 손님이 적었네'라고 생각하면 이 일은 못 합니다."

그 기사는 조수석에 놓인 노트북에 데이터를 입력했지만,

더 편하게 스마트폰이나 태블릿으로도 입력할 수 있습니다.

'운이 없어서 손님이 적었다'라고 생각하는 사람은 손님을 늘리기 위해 고민하거나 대책을 마련하지 않을 것입니다. 그러면 계속 빈 차를 운전하게 될 터이고 일 자체가 재미없어질지도 모릅니다. 하지만 이리저리 방법을 고민하다 보면 '필요하지만 내키지 않는 일'도 '하고 싶은 일'로 바꿀 수 있습니다.

마지막으로 하고 싶은 일과 하기 싫은 일이 동시에 있을 때 어느 쪽을 먼저 시작할지도 중요합니다. 저는 하기 싫은 일을 뒤로 미룹니다. 안 그러면 하고 싶은 일을 시작하려고 할 때 이미 피로가 쌓여 체력과 기력이 모두 남아 있지 않을 때가 있기 때문입니다. 반면에 하고 싶은 일을 먼저 끝내두면 하기 싫은 일도 어떻게든 끝마칠 수 있습니다. 물론 이 원칙을 항상 고수하는 건 아닙니다. 오전에는 머리 회전이 잘 되기 때문에 메일 답장 같은 단순 작업은 호불호와 상관없이 뒤로 미루기도 합니다.

먹고살기 위해 어쩔 수 없이 하는 일이지만 그렇다고 즐기지 못할 이유는 없습니다. 음성 입력 이야기를 살짝 했지만, 저에게는 음성 입력 방법을 알아보는 데 시간을 쓰기보다는 조금이라도 원고를 더 쓰는 게 낫습니다. 합리적이지 않고 다른 사람이 봤을 때 쓸데없는 일일지라도 하다 보면 일에만 얽매이지 않고 인생을 즐길 수 있게 됩니다.

Q15

일과 인간관계에 치여
마음에 여유가 없습니다

잇따라 들어오는 업무를 처리하다 보니 어느새 날이 어두워졌습니다. 서둘러 거래처 사람이 기다리는 술집으로 달려가 인맥 쌓기에 열을 올려야 합니다. 편하게 숨 쉴 틈도 없고 항상 쫓기는 듯한 느낌이지만, 이조차도 사치입니다. 다른 생각할 시간도 여유도 없습니다. 그런데 정말 그런가요?

'바빠서 여유가 없다'라는

말은 변명에 불과합니다.

그저 필요한 결단을

유예하기 위한 핑계일 뿐입니다.

너무 바빠서 마음에 여유가 없는 문제를 해결하기 위한 근본적인 해결책은 한 가지뿐입니다. 일과 인간관계를 줄이는 것입니다.

인간관계 정리는 그다지 어렵지 않습니다. 어떻게든 줄일 수 있습니다. 술자리는 거절하면 되고 경조사도 안 다니기로 결심하면 안 다닐 수 있습니다. 한창 결혼할 때면 친구들에게 청첩장도 많이 받겠지만 안 가도 괜찮습니다.

미술가 시노다 토코篠田 桃紅(1913~2021)는 책 『103세가 되어 알게 된 것 一〇三歳になってわかったこと』에서 '백 살은 치외법권'이라며 다음과 같이 말했습니다.

백 살을 넘긴 제가 경조사를 건너뛰어도
누구도 저에게 뭐라 하지 않습니다.
파티 같은 모임도 참석하기 힘들겠거니 다들 반쯤
포기한 상태라 참석 여부를 미리 알리지 않아도 괜찮습니다.
당일 외출이 가능할 때 가면 되니까 굉장히 편합니다.
그리고 가면 다들 기쁘게 맞아줍니다.

젊은 사람들은 이렇게 하기 어려울 수도 있지만, 참석하고 싶은지 아닌지만 따져서 정하면 됩니다. 의리 때문에 억지로 참석하는 걸 알면 오히려 기쁘지 않은 사람도 있을 테고, 반면에 참석하지 않았다고 기분 나빠하는 사람도 있을 것입니다. 이러나저러나 술자리든 경조사든 거절하면 '사회성이 부족하다'라는 소리를 듣는 건 어쩔 수 없습니다. 그래도 덜 바빠지려면 '내 마음이 내키지 않는 일은 하지 않는 결심'이 필요합니다.

모임 제안을 거절하다 보면 사회성이 부족하다는 이야기는 피할 수 없겠지만 바쁜 건 해소됩니다. 제안을 거절하지 않으면 이런저런 말은 안 듣겠지만 계속 바쁩니다. 이론적으로 선택할 수 있는 제3의 선택지는 아쉽게도 없습니다.

여기서 보이는 진짜 문제는 '마음에 여유가 없다'라고 하는 사람들은 사실 그 상태를 회피하고 싶지 않다는 점에 있습니다. 그런 사람은 어떤 상황에 놓여도 '여유가 없다'라고 합니다. 제 앞에서 그런 말을 하는 사람이 있다면 "마음에 여유가 없는 게 아니라 여유를 갖고 싶지 않은 거 아닌가요?"라는 말이 튀어나올 것 같습니다.

그들은 바빠서 마음에 여유가 없는 게 아니라 마음에 여유를 갖고 싶지 않아서 바쁘게 만들어 버리는 것입니다. 마음에 여유를 갖고 싶지 않은 데는 모종의 '목적'이 있습니다. 거기에 '나는 바쁘다'라고 자신을 설득할 만한 이유도 필요합니다. 그 이유가 바로 '일과 인간관계'입니다.

이것은 아들러가 말하는 '열등 콤플렉스'입니다. 열등 콤플렉스란 'A여서 B 할 수 없다'라는 논리를 평상시 커뮤니케이션에서 자주 사용하는 것입니다. 여기서 'A'에 해당하는 것은 '마음에 여유가 없다'입니다. 그리고 마음에 여유가 없는 이유로 일과 인간관계를 들고 있습니다.

그렇다면 'B'에 해당하는 것은 무엇일까요? 고민을 잘 살펴보면 왜 마음에 여유가 필요한지 스스로도 잘 모르는 듯합니다. 이럴 땐 직접 물어보는 수밖에 없습니다.

"만약 지금 마음에 여유가 있다면 무엇을 하고 싶나요?"

저는 내담자가 신경증을 호소할 때 이런 질문을 종종 합니다. 내담자는 '신경증에 걸려서 하고 싶던 일을 못 하게 됐다'라고 이야기합니다. 그러나 속마음은 반대입니다. 그는 사실 '하고 싶던 일'을 하고 싶지 않습니다. 그런 자기 마음을 정당화하기 위한 수단으로 신경증이라는 이유를 끌고 온 것입니다.

신경증이 있는 내담자들은 증상을 없애달라고 하지만 증

상을 없애면 안 됩니다. 필요해서 만들어진 증상이기 때문입니다. 신경증 증상을 없애버린다고 한들 현재 호소하는 증상보다 더 까다로운 증상을 만들어 내는 경우가 상당히 많습니다. 아들러는 『아들러 인생방법 심리학』에서 다음과 같이 말했습니다.

신경증 환자는 한 가지 증상을
깜짝 놀랄 정도로 재빨리 없앤 뒤 조금의 망설임도 없이
새로운 증상을 몸에 장착한다.

왜 그러는 걸까요? 앞선 질문에 대해 '이 증상이 없어지면 일에 복귀하고 싶다'라고 답했다고 가정하겠습니다. 여기서 우리는 이 사람이 일에 복귀하고 싶지 않다는 사실을 알 수 있습니다. 그래서 증상이 사라져도 이 사람에게는 일하지 않아도 되는 또 다른 이유가 필요해지는 것입니다.

이럴 땐 두 가지만 노력해 봅시다. 먼저 일하기 싫으면 일하기 싫다고 분명하게 표현합니다. 다른 한 가지는 내가 일할 수 있도록 만들어 봅시다. 업무 능력에 자신이 없는 사람이라면 필요한 지식을 쌓으면 됩니다. 당장 능력이 충분하

지 않더라도 현실을 받아들이고 시작하는 수밖에 없습니다. 직장 내 대인관계를 고민하는 사람에게는 '업무는 대인관계와 직접적인 관계가 없다'라고 말하고 싶습니다.

내 인생 살기

우리는 마음에 여유가 없는 점이 열등 콤플렉스 논리에서 'A'에 해당하므로 'B'는 무엇인지 파악해야 합니다. 분명한 것은 이런 노력을 통해 실제로 업무량이나 인간관계가 예전보다 줄면 오히려 곤란한 일이 생긴다는 점입니다. 줄어든 만큼 새로운 과제가 치고 들어 옵니다. 그래서 일이나 인간관계에 치여서 마음에 여유가 없다고 하는 것입니다.

새로운 과제란 슬슬 결혼하라는 부모님의 권유일 수도 있습니다. 그러나 결혼은 본인이 결정하는 일이지 부모님과는 상관없습니다. 부모님의 말씀을 거절하기 위해 마음의 여유를 없앨 필요는 없습니다. 부모님이 자녀 인생에 간섭하고 걱정하는 건 흔한 일이지만 부모님 기대에 부응하려고 사는 건 아니니까요.

마음에 여유가 없는 이유가 원래 해야 할 일을 회피하기 위한 구실에 지나지 않는다면, 그런 이유로 인생의 결단을 뒤로 미루면 안 됩니다. 모든 일에는 용기가 필요합니다. 처음부터 잘 되는 일은 없습니다. 가능한 것부터 하나씩 해 나가야 합니다. 예를 들면 '그때 이직할걸'이라며 나중에 가서 후회해도 소용없습니다. 마음에 여유가 없다는 핑계로 필요한 결단을 내리지 않는 사람은 자기 인생을 살지 못하고 있다고 감히 말하고 싶습니다. 우리 모두 내 인생을 삽시다.

60대 이후에
더 즐겁게 살고 싶습니다

인간 수명이 늘어난 지금, 중년 이후의 삶이 더 중요할지도 모릅니다. 젊었을 때 너무 즐긴 나머지 60대가 되었을 때 돈도 가족도 능력도 없는 상황을 맞닥뜨리면 안 되겠지요. 지금부터 어떻게 준비하면 좋을지 함께 살펴보겠습니다.

A

남과 비교하지 마세요.

성공을 바라기보단

좋아하는 일을 합시다.

나이가 들어도 우리가 상상하는 커다란 변화는 일어나지 않습니다. 물론 젊을 때와 똑같을 수는 없겠죠. 나도 모르게 몸을 사리기도 하고, 무리하다가 앓아눕기도 합니다.

제가 심근경색으로 쓰러졌을 때 제 나이는 쉰 살이었습니다. 그전부터 몸 상태가 좋지 않았는데 피곤해서 그렇다며 멋대로 생각하고는 병원에 가지 않은 대가를 치른 셈입니다. 다행히 목숨은 건져 한 달 정도 입원해 있었습니다. 한번은 회진하는 주치의 선생님과 퇴원 후의 생활에 관해 이야기를 나눴습니다.

"퇴원하면 어떻게 살아야 하나요?"

"피곤하면 쉬세요. 원래 생활로 완벽하게 돌아갈 수는 없지만, 대부분 다 할 수 있습니다. 한밤중에 전화 받고 나가는 일 정도를 제외하면요."

"해서는 안 되는 일이 있나요?"

"이 일은 이날까지 반드시 해낸다, 이렇게 무리하시면 안 됩니다. 고등학생처럼 며칠씩 밤새워서 일을 끝내고 몸속에 엔도르핀이 도는 것 같은, 그런 식의 성취감을 느끼는 일도 하면 안 됩니다."

"강연이나 강의는요?"

"책상에서 하는 일이니 괜찮지 않을까요."

"출퇴근이나 출장은요?"

"지하철을 타면 심장에 부하가 걸리긴 하지만 못 타는 건 아닙니다. 일은 좀 줄이셔야 해요. 그렇다고 논리적으로 일일이 정할 수는 없습니다. 어떤 일은 하고 어떤 일은 포기할지는 본인만 정할 수 있습니다. 책 쓰시는 건 좋습니다. 책은 남기도 하고 성취감도 생깁니다. 다만 강한 정신적 스트레스를 받으면 관동맥이 막힐 수 있습니다. 문제는 누구도 예상하지 못한다는 거죠. 마감에 쫓기는데 하필 그때 가족이 아프거나 감기라도 걸리면……"

'책은 남는다', '스트레스를 받으면 관동맥이 막힐 수 있다'라는 등 무서운 이야기를 꺼냈지만, 퇴원해도 평상시와 크게 다르지 않게 지낼 수 있다는 말에 안심했습니다.

지금부터 할 수 있는 일

현재 생활이나 노후를 생각하면 일을 관두거나 업무량을 줄이는 게 쉽지 않습니다. 생활에 어려움이 없어도 일을 계속하고 싶은 사람도 있기 마련입니다. 그런 사람은 일을 하면서 성취감을 느끼기에 시간 가는 줄 모르고 밤을 새울 때가 종종 있습니다. 현대인은 많은 시간을 일에 할애해야 하므로 일을 고통스럽고 지겹게 여기는 것보다야 낫지만, 성취감을 얻는 대신 건강을 해칠 위험이 있습니다. 젊을 때야 이런 걱정은 할 필요도 없지만, 50대 정도 되면 건강이 체질인 사람도 건강을 염려해야 합니다.

먹고살려면 어쩔 수 없다고 해서 건강을 해치면서까지 일하는 건 안 됩니다. 업무량을 줄이지 못하더라도 일에 관한 의식을 바꾸면 '즐겁게' 살 수 있습니다. 일하지 않으면 먹고사는데 지장이 생기는 건 맞지만 사람은 일하기 위해 사는 것은 아닙니다. 인생을 위해 일하는 것이며, 그 '인생'은 '즐거운 인생'을 말합니다. 아무리 수입이 좋아도 하는 일이 고통스럽다면 주객전도입니다. 일의 목적을 알면 필요 이상으로 무리해서 일하려고 하지 않습니다. 적어도 하고 싶지 않은 일은 되도록 피하려고 하고 일할 때의 마음가짐도 바꾸려고 할 것입니다.

아들러는 사람들이 업무, 친구, 사랑을 특히 중요하게 여긴다고 말했습니다. 일에 온 힘을 쏟으면 다른 중요한 것들에 할애할 에너지와 시간이 줄어듭니다. 그런데 깊이 들여다보면 '일'에 집중하느라 다른 것에 신경 쓰지 못하는 게 아니라 오히려 다른 것을 신경 쓰지 않기 위해 일에 전력을 다하기도 합니다. 우리는 인생에서 일이 차지하는 비중을 줄일 필요가 있습니다. 일에서 성취감을 얻을 때만 자기 가치를 발견하다 보면 나이가 들어 젊을 때만큼 일하지 못하면 스스로 가치 있는 사람이라 여기기 힘들어집니다.

과거를 놓아주는 것도 즐거운 인생을 위해 필요합니다. 젊을 때 거둔 성공에 계속 얽매여 있는 사람은 그 후의 인생을 '전성기'와 끊임없이 비교합니다. 하지만 언젠가 다시 그때처럼 성공하고 싶어도 기회는 오지 않을 수도 있습니다. 우리가 기억해야 하는 건 성공하지 못해도 행복하게 살 수 있다는 사실입니다.

더불어 경쟁에서 물러나는 것도 필요합니다. 일이며 인간관계며 다른 사람과 비교하지 마세요. 결혼 적령기에 다다라 다들 결혼한다고 조급해하지 말고, 이를 신경 쓰지 않으면 즐겁게 살 수 있습니다. 애써 경쟁하지 말고, 일할 때도 성공을 바라기보단 좋아하는 일을 하면 됩니다. 그것이야말로 우리가 지금 바로 시작할 수 있는 일입니다.

3장

인간관계
스트레스에서
나를 지키는 법

껄끄러운 사람과 스트레스 받지 않고
잘 지낼 수 있을까요?

아무리 노력해도 싫은 사람이 있습니다. 그렇다고 쉽게 손절할 수 있는 관계도 아닙니다. 이런 딜레마에 빠진 사람들이 많이 있습니다. 이럴 땐 대체 어떤 대책을 세울 수 있을까요?

A

상대의 성격은 바뀌지 않습니다.

너무 맞추려고 애쓰지 맙시다.

과감하게 마음의 거리를 두면

머지않아 '나와 상관없는 사람'이

될 거예요.

같이 있기 껄끄러운 사람도 사이가 좋아지면 스트레스 받지 않고 잘 지낼 수 있겠지요. 그런데 가만히 있는다고 싫은 사람이 좋아지진 않습니다. 어쩔 수 없이 같이 지내야 하는 사람이면 계속 스트레스를 받을 테니 어떻게든 해결할 방법이 필요해 보입니다. 함께 고민해 볼까요?

사실 남을 바꿀 수는 없습니다. 바꿀 수 있는 건 오로지 자신뿐입니다. 이렇게 말하면 상대에게 문제가 있는 게 분명한데 왜 나를 바꿔야 하나, 상대가 변해야 한다고 생각하는 사람이 있을 겁니다. 정확히 말하면 바꿔야 하는 대상은 상대도 나도 아닌, 두 사람의 '관계'입니다. 관계를 바꾸려면 내가 할 수 있는 것부터 시작해야 합니다.

먼저 거리를 두는 겁니다. '싫은 마음'은 일회성 관계에서는 생겨나지 않습니다. 예를 들어 쇼핑이나 외식하러 갔다가 매장 직원의 응대가 좋지 못해 기분이 상했다면, 그때의 감정은 직원이 싫어진 게 아니라 직원에게 화가 난 것이라 할 수 있습니다.

그런데 상대가 상식이 결여된 행동이나 기분 나쁘게 하는 행동을 계속 반복한다고 해서 싫어할 필요는 없습니다. '싫은 감정'이 생기는 이유는 그 상대와 가까운 사이이기 때문입니다. 좋아하는 사람에게 고백했다가 '나는 네가 싫어'라는 말을 들었다면 차라리 희망이 있다고 할 수 있습니다. 아무런 관심도 없는 사람에게 '싫어한다'라는 감정적인 말은 하지 않을 테니까요. '아무 관심도 없어'라는 대답이 오히려 가망성이 없습니다. 일시적으로만 같이 지낼 사람이라면 굳이 싫은 감정이 생기지 않도록 가깝게 지내지 않는 것을 추천합니다.

문제는 가까운 사람들입니다. 특히 싫어하는 대상이 부모님이라면 고민이 커지겠지요. 싫어도 부모와 자식 사이니까요. 하지만 부모님이라고 해서 반드시 가깝게 지내야 하는 건 아닙니다. 사실 어떤 관계든 인간관계는 조금 거리를 두는 게 서로에게 좋습니다.

맞추려고 너무 애쓰지 말기

내가 할 수 있는 가장 첫 번째 행동은 내 주장을 확실히 전달하는 것입니다. 직장에서 항상 우울한 표정을 하고 있거나 기분이 안 좋아 보이는 사람이 있으면 다들 그 사람을 신경 쓰게 됩니다. 그 사람은 자신이 다른 사람들을 불편하게 하는 방식으로 직장 내에서 존재감을 찾고 있다는 사실을 모릅니다. 이럴 때는 그 사람이 모르고 있는 '행동의 목적'을 가르쳐줘야 합니다.

그런데 만약 그 사람과 사이가 좋지 않다면 알려줘도 기분만 나빠하고 행동을 고치려고 하지 않을 수도 있습니다. 존재감을 찾고자 한 행동, 즉 주변 사람들을 불편하게 했던 것이 유치한 행동이라는 사실을 인정하기 쉽지 않기 때문입니다. 우리는 이에 크게 신경 쓰지 않아도 됩니다. 지적받고 기분 나쁜 건 그 사람이 알아서 해결할 문제이지 지적한 사람이 신경 쓸 필요는 없습니다.

한 드라마에서 상사가 부하에게 '왜 다른 사람 마음을 불편하게 하느냐'고 지적하는 장면이 있었습니다. 일갈一喝이 아닌 담담하게 지적하는 상사의 말을 들은 부하는 비로소 자기가 평소 해온 행동의 목적을 이해한 듯 보였습니다.

직장 내 인간관계나 친구와의 사이에서 언제나 반박만 하고 불평만 늘어놓는 사람이 있습니다. 그런 사람은 우월감을 가지고 싶어 그렇게 행동합니다. 우월감은 열등감의 반증입니다. 근거 있는 자신감을 가진 사람이라면 불평이 아닌 논리적인 주장을 펼치겠지요. 그게 불가능하기에 주변 사람들을 불편하게 하여 존재감을 찾으려 하는 것입니다. 이런 사람은 아마도 본인이 그렇게 행동하는지 모를 가능성이 큽니다.

물론 다른 사람이 하는 말을 필터링 없이 모두 따르는 게 정답은 아닙니다. 하지만 건설적인 주장이 아니라 모두가 꺼리는 방식으로 주장하는 사람은 어딘가 뒤틀린 방법으로 남에게 인정받으려고 하는 경향이 있습니다. 그런 언동은 열등감에서 비롯됩니다. 보통 이런 사람은 다른 사람에게 미움받아도 신경 쓰지 않기에 반박이나 지적을 있는 그대로 받아들이려 하지 않을 수도 있습니다. 그럼에도 필요할 땐 할 말을 해줘야 합니다.

언제나 우울한 표정을 하는 사람이나 불평만 늘어놓는 사람은 결국 뒤틀린 방법으로 인정받고 싶어 합니다. 그들은 주변 사람들에게 호감이 아닌 스트레스만 줍니다. 이런 사람과 함께 있을 때 스트레스를 받는다면, 그것이야말로 뒤틀린 인정욕구를 가진 사람이 바라는 바입니다. 그러므로 이런 사람에게는 너무 맞춰주려 하지 말고 거리를 두는 것이 내가 피폐해지지 않는 방법입니다.

Q18

새로운 모임에 들어가
지인을 늘리고 싶지만, 한편으로는
새로 친구를 사귀는 게 귀찮습니다

속속들이 잘 아는 친구와 함께 시간을 보내면 즐겁고 무엇보다 편합니다. 그런데 내 시야를 조금 더 넓히고 싶을 때 또는 전학, 이직, 이사 등으로 새로운 환경에 적응해야 할 때 새로운 '친구'가 필요해집니다. 전혀 모르는 사람과 친구가 되기 위해 노력할 생각을 하니 솔직히 귀찮습니다.

A

친구란 '늘리는' 것도

'만드는' 것도 아닙니다.

사람을 통해 외로움을

해결하려 하는 건 남에게

의존하는 것뿐입니다.

예전에 제 친구가 한 살인사건의 범인이 살던 집의 사진을 보고는 자기 집과 똑같아서 깜짝 놀랐다고 말한 적이 있습니다. 이불은 펼쳐진 채 깔려 있고 벽 사방에는 책이 산처럼 쌓여 있어 지진이라도 나면 무너져 내린 책에 압사당할 것 같다고 이야기하더군요. 친구는 그 집에 계속 살면서 사람들과 어울리지 않으면 그 살인범처럼 될까 봐 모임에 나가기로 결심했습니다.

물론 사람들과 어울리지 않는 것과 살인 사이에는 아무런 인과관계가 없습니다. 우리는 어떤 이유로 인맥을 늘리고 싶은 걸까요? 아마도 제 친구처럼 자신에게 도움이 되리라는 이유이지 않을까 싶습니다.

다른 이유도 있을 것입니다. 고민처럼 새로운 모임에 나가고 싶다는 건, 제 친구처럼 모임에 나간 경험이 아예 없는 건 아닐 테고, 지인이 전혀 없는 것도 아니겠지요. 여기서 문제는 대부분의 사람들이 '지인'과 '친구'를 혼동하고 있다는 사실입니다.

지인을 '늘리고 싶다'면 모임을 고려하는 게 맞습니다. 모임에 나가면 아는 사람이 생기고 그 수도 점점 늘어날 테니까요. 하지만 그렇다고 해서 '친구'가 많아지는 건 아닙니다. 저는 친구란 모임에 나가 늘리거나 만들 수 있는 존재가 아니라고 생각합니다. 모임에서 알게 된 사람이 나중에 친구가 '될' 수는 있습니다. 어쩌다 보니 이 사람과 친구가 '되어 있더라'가 맞는 것이지 친구를 '만들기' 위해 모임에 가는 건 동기가 불순하다고 생각합니다.

'이 사람과 친구가 되어야지'라고 '결심'은 하겠지만 그렇게 결심한 이유는 사실 딱히 없습니다. 그냥 끌려서 자연스럽게 친구가 됩니다. 이유를 대라 하면 억지로 끼워 맞출 수는 있겠지만, 목적이 있어 친구를 고르는 건 우정이라 할 수 없습니다. 연애도 마찬가지죠. 저는 남자 친구나 여자 친구를 '만든다'라고 표현한다면 그것 또한 순수한 연애는 아니라고 생각합니다.

고민에서는 친구를 '만드는' 게 귀찮다고도 말했습니다. '지인'과 '친구'를 구분하지 않는다면 '지인을 만든다'라는 표현은 가능할 것입니다. '지인'과 구분한 상태에서 '친구를 만드는 게 귀찮다'라고 표현한 거라면, 제가 말한 바와 같이 친구란 원래 만들 수 없는 존재입니다.

친구를 사귀는 게 귀찮다는 사람 주변에는 지인은 있어도 친구는 없을 것입니다. 이런 사람은 사람들에게 다가가면 지인이 느는 것처럼, 그들이 친구가 될 거라 생각합니다. 지인을 사귀는 데에는 계기가 필요하다면, 관계를 우정으로 키워나가는 데에는 내가 움직여야 합니다.

대인관계는 크게 두 가지로 나뉩니다. 한 가지는 남을 지배하는 형태, 또 다른 한 가지는 남에게 의존하는 형태입니다. 모임에 들어가서 지인을 늘리고 싶은 사람은 목적이 있어 남을 이용하고 지배하려는 것입니다. 혼자는 외로워서 싫고 누군가가 내 심심함을 채워줬으면 하는 사람은 남에게 의존하고 있는 셈입니다. 아무런 모임에 나가지 않는다고 스스로 외톨이라고 생각하는 사람도 마찬가지입니다.

두 형태 모두 자립하지 못한 상태입니다. 남을 지배하려는 사람은 그것을 통해 자신의 우월함을 확인하고 싶어 합니다. 지인이 많다는 점 말고는 자신의 우월성을 확인할 방법이 없는 거죠. '지배'라는 단어가 적절하지 않을 수 있습니다. 좀 더 정확히 말하면 남보다 자기가 우월하다고 생각하기 위해 남을 이용하는 사람은 '남이 없으면 자기 가치를 확인할 수 없다'라는 의미입니다. 이는 남에게 의존하고 있음을 방증합니다.

친구(여기에서는 지인을 말하는 듯합니다)를 늘리고 싶지만 귀찮다고 하는 사람에게는 아무도 다가가지 않을 것입니다. 자기는 아무것도 주지 않으면서 받을 생각만 하고 있으니까요. 진정한 자립을 이룬 사람은 혼자 있어도 전혀 외롭지 않습니다. 무조건 사람들과 어울려야 하는 건 아닙니다.

관계를 맺는 방법이 중요하다

저는 고등학생 때 친구가 없었습니다. 저희 반에는 몇몇 무리가 있었는데 저는 어디에도 속하지 않았습니다. 모든 무리와 정도껏 거리를 두고 있었는데 일부러 그랬던 것은 아닙니다. 학교에 가서 공부하고 할 말이 있으면 하고 집에 돌아오는 것이 제 일상이었습니다. 수업이 7교시까지 있었고 집이 멀어서 수업이 끝나면 바로 집으로 돌아와 숙제하고 예습하는 것만으로도 하루가 벅찼습니다. 방과 후에 누군가와 놀러 가는 건 생각도 못 했습니다.

저에게 친구가 없자 걱정된 어머니가 담임 선생님께 상담했습니다. 선생님은 제가 친구를 필요로 하지 않는 듯하다고 답했고, 그 말을 들은 어머니는 안심했다고 합니다. 어머니에게 선생님의 대답을 듣고 저도 수긍했습니다. 항상 누군가와 함께 행동해야 하는 친구들과 나는 다르다고 느꼈고 그 점이 오히려 자랑스러웠습니다.

이 이야기를 다른 책에 쓴 적이 있는데, 누군가는 친구가 필요 없다고 만들려고 노력도 하지 않는다면 아들러가 말한 '공동체 감각'을 거스르는 것이 아니냐고 물었습니다. 그는 모두가 사이좋게 지내는 것이 공동체 감각이라고 이해한 듯합니다. 아예 틀린 말은 아니나 아들러가 말한 공동체 감각은 '사람과 사람이 관계를 맺고 있는 것'으로 중요한 건 관계를 맺는 방법입니다. 앞서 이야기한 대로 의존하는 형태로만 다른 사람과 관계를 맺을 수 있는 사람은 남과 거리 둘 줄을 모릅니다.

누군가와 친구가 되고 싶다면, 그리고 친구란 만드는 게 아니라는 사실을 깨달았다면 진정한 친구를 만나게 될 것입니다.

넓은 마음으로 다른 사람을
대하고 싶은데 툭하면 짜증이 납니다

모든 이에게 관대해지고 싶은 마음은 굴뚝 같은데 나도 모르게 가족, 애인, 동료, 친구 등 여러 사람에게 다양한 순간에 짜증이 나고 맙니다. 이 유쾌하지 못한 감정과 거리를 두고 평온하게 살려면 어떻게 하면 좋을까요?

A

짜증을 낸다고 그 사람이

바뀌는 건 아닙니다.

짜증 나는 문제는

아예 관심을 끊는 게 속 편합니다.

다른 사람은 내 기대에 부응하기 위해 사는 것이 아닙니다. "나 짜증 안 나게 행동해" 이렇게 말할 수는 없지요. 짜증이 났다는 건 화가 났음을 의미하고, 화를 내서 다른 사람을 바꾸려고 하는 것입니다. 그리고 자기가 원하는 대로 남을 바꿀 수 없다는 사실에 더 짜증이 납니다.

애초에 남을 바꿀 수 있을까요? 바꿀 수 있다면 화를 내면 바뀌는 걸까요? 바꾸겠다는 생각을 버리면 마음이 넓어질까요? 생각해 볼 사안이 많습니다.

'짜증이 났다는 건 화가 났음을 의미한다'라고 했지만, 이때의 화는 이성을 잃을 정도로 격노한 사람에게서 볼 수 있는 돌발적이고 상대에게 공포감을 줄 정도의 화는 아닙니다. 철학자 미키 기요시는 『인생론 노트』에서 화를 다음과 같이 설명했습니다.

모든 화는 돌발적이다.
이 점은 화의 순수성 또는 단순성을 나타낸다.
화의 돌발성은 그 정신성을 드러낸다.

남에게 화를 내고 나서 계속 꽁하지 않고 금방 기분을 풀 수 있는 사람의 화는 순수하고 단순하며 나아가 정신적이라는 뜻입니다. 그런데 왜 저는 이 말에 아이를 엄하게 꾸짖은 뒤 안아주는 부모나 당근과 채찍으로 부하를 조종하는 갑질 상사가 떠오를까요? 저에게는 돌발적 화의 '순수성'이라던가 '정신성' 같은 단어는 기준 없이 낸 화를 정당화하는 말처럼 들립니다.

무엇보다 미키 기요시의 말과 달리 '모든' 화가 돌발적이진 않습니다. 짜증을 잘 내는 사람의 화는 돌발적이라기보다는 오히려 습관적이고 지속적입니다. 누군가의 특정 행위에 짜증이 날 때도 있지만, 누군가의 언동이 '항상' 짜증을 유발할 때도 있습니다.

화를 내는 사람은 화로 상대의 행동을 멈출 수 있다고 생각합니다. 그러나 실제로는 그 행동을 멈출 수 없습니다. 멈출 수도 있다고 해도 무서워서 멈춘 거지 절대 수긍해서 멈춘 게 아니며, 이런 경우 대개 같은 행동을 반복합니다. 화를 내도 상대가 같은 일이나 행동을 계속한다면, 화에는 '즉효성'은 있어도 '유효성'은 없는 셈입니다. 왜 유효성이 없을까요?

아들러는 『성격 심리학』에서 화는 분리된 정동trennend Affekt,

분리감정disjunctive feeling이라고 했습니다. 이것은 '사람과 사람을 분리하는 감정'을 의미합니다. 화를 낸 사람과 상대방 사이에는 심리적인 거리가 생깁니다. 그렇게 되면 화내는 사람의 말이 맞아도, 또는 맞으면 상대방은 더 반발하게 되고 수용하지 않습니다. 화로 상대를 바꿀 수 없습니다. 하지만 화내는 사람은 화를 냄으로써 남을 바꿀 수 있다고 생각하기에 안 바뀌는 현실을 눈앞에서 봐도 '조금 더 강하게 화내면 상대의 마음을 바꿔 행동까지 변화시킬 수 있지 않을까?'라는 희망을 버리지 못합니다.

짜증을 막으려면

화를 내도 상대가 같은 행동을 반복한다면 덜 화를 내서 그런 게 아니라 '화를 내는 방법 자체가 상대의 행동 개선에 효과적이지 않다'라고 생각하는 편이 논리적인데, 대부분은 그렇게 생각하지 못합니다. 애초에 상대를 바꿀 수 있는지에 대해서는 생각조차 하지 않습니다. 미키 기요시는 『인생론 노트』에서 다음과 같이 말합니다.

'화만큼 정확한 판단을 흐리는 게 없다'는 말은
맞는 말일 것이다.

화를 내서 어떻게 할 것인지, 무엇이 가능하고 뭐가 불가능한지 정확하게 판단해야 합니다. 즉 '화를 내도 남을 바꿀 수 없다'라는 사실을 깨달아야 합니다. 엄하게 꾸짖었더니 상대가 행동을 바꿨다고 보는 것은 상대의 행동을 바꾼 게 아니라 상대가 스스로 행동을 바꿀 결심을 한 것뿐입니다.

한편 '짜증을 잘 내는 사람'은 남을 바꿀 수 없다는 사실을 알고 있습니다. 그래서 겉으로는 화가 드러나지 않고 짜증 정도로만 보이는 것입니다.

그럼, 다른 사람을 바꿀 수 없다면 어떻게 하면 좋을까요? 먼저 상대가 좋지 못한 언동을 보이더라도 자신에게 영향이 미치지 않는다면 무시합시다. 아이가 공부는 안 하고 게임만 하고 있으면 부모는 짜증이 나겠지만 그 결과는 아이에게만 영향을 미칩니다. 성적이 떨어지면 곤란한 건 아이이니 부모는 아이가 공부하지 않는다고 잔소리할 필요가 없습니다. 부모 자식 사이뿐 아니라 실질적으로 나에게 아무런 폐를 끼치지 않는 일이라면 아무리 짜증 나도 관심을 끊는 것이 가장 바람직합니다.

상대의 언동이 나에게 조금이라도 영향을 미친다면 개선해 달라고 정중하게 부탁하면 됩니다. '짜증을 잘 내는 사람'은 남을 바꿀 수 없다는 사실을 알고 있다고 말하긴 했지만, 내가 짜증 내는 것을 보면 상대가 행동을 바꿔주지 않을지 은근히 기대하는 구석이 있습니다.

툭하면 짜증 내는 사람, 항상 기분이 안 좋아 보이는 사람은 주변 사람들의 마음을 불편하게 합니다. 상대에게 원하는 바가 있으면 말로 표현해야 합니다. 말했다고 다 들어주지는 않겠지만, 단도직입적으로 말로 표현해야 관계를 망치지 않습니다. 우리가 상대를 바꿀 수는 없습니다. 상대가 내 말에 수긍하면 자기 스스로 행동을 바꿀 결심을 할 것입니다.

사사건건 빈정대고 야단치는
상사 때문에 너무 힘듭니다

왜 이리 굼뜨냐며 버럭하기. 그건 어떻게 됐냐며 쪼기. 급기야는 쓸모없는 인간이라며 사람들 앞에서 망신 주기. 이 세상에 이런 상사만 없다면 근무하기가 훨씬 나을 것입니다. 여기서는 교육이라는 명목하에 호통을 멈추지 않는 상사 대처법을 알아봅시다.

A

무작정 호통부터 치는 상사는

무능한 사람입니다.

'무서운 상사'는 나도

모르는 사이에 내가

만들고 있습니다.

빈정거리고 야단만 치는 상사를 끝까지 견디는 사람은 아마 없을 것입니다. 우리는 '왜 상사가 그렇게 행동하는지', '그런 상사를 대할 때 왜 견디기 힘든지' 생각해 봐야 합니다. 여기서 '왜'는 목적을 말합니다.

먼저 상사를 생각해 볼까요? 무서운 상사에는 두 가지 유형이 있습니다. 첫째, 아랫사람을 야단치는 게 교육에 있어 필수라고 생각하는 유형입니다. 체벌이나 갑질은 나쁘다고 여기는 사람 중에서도 아랫사람을 가르칠 때 야단이 필요하다고 생각하는 사람이 많습니다.

'혼내는 것과 화내는 것은 다르다. 감정을 빼고 혼내는 것이 필요하다'라는 말을 종종 듣습니다. 그러나 실제로 인간은 그렇게 요령이 좋지 못합니다. 혼낼 때는 반드시 '화'라는 감정이 들어간다는 말입니다. 교육할 때는 질타가 필요하다고 생각하는 상사는 '아무나 아랫사람이라고 해서 혼내지는 않는다. 혼내는 데는 이유가 반드시 있다'라고 말합니다. 자꾸 실수를 반복하고 실적이 오르지 않아 혼내는 것이고, 잘못은 바로잡아야 한다는 것입니다.

입사한 지 얼마 안 됐거나 부서가 바뀌면 지식이나 경험이 충분하지 않은 건 사실입니다. 그런 사람에게 필요한 지식을 가르치는 것도 상사의 업무 중 하나입니다. 그렇다고 해서 가르칠 때 꼭 혼낼 필요는 없습니다. 야단친다고 성과가 오르는 것은 아니니까요. 아들러는 '내가 가치 있는 사람이라고 생각될 때 용기를 낼 수 있다'라고 말했습니다. 질타받는 사람은 '나는 일을 못한다', '그래서 나는 가치 없는 사람이다'라고 생각하게 됩니다. 한 번 실수했을 때 혼나는 건 어쩔 수 없다 쳐도 무슨 실수를 그렇게 많이 하냐는 소리를 들으면 당사자는 자신이 가치가 없는 것처럼 느껴집니다.

아들러가 말하는 '용기'란 일에 최선을 다할 수 있는 용기입니다. 일에는 반드시 결과가 따르기에 용기가 필요합니다. 상사의 기대에 못 미치는 결과, 또는 자신도 생각지 못한 결과가 나오는 경우도 있습니다. 이럴 때 용기를 잃으면 '결과를 못 낼 것 같은 것은 아예 도전하지 말자'라고 생각하기 쉽습니다. 최선을 다하자는 마음이 사라져 버리기도 합니다. 상사에게 혼나도 '하면 된다'라는 가능성 안에 머무는 편이 낫다고 판단하기 때문입니다.

그러나 성취감은 어려운 일을 해냈을 때 비로소 얻을 수 있습니다. 초반에는 팀원이 기대만큼 성과를 올리지 못해도 의욕적으로 일에 매달릴 수 있도록 돕는 게 상사의 일입니다. 가치 없는 사람으로 만들어 버리는 '질타'라는 행위는 일에 최선을 다하는 용기를 앗아간다는 의미에서 역효과를 낼 뿐입니다. 만약 상사가 적절하게 교육하고 지도했다면 팀원들의 실수는 줄어들고 머지않아 실력을 키워 상사를 뛰어넘는 날이 올 겁니다. 그렇지 않다면 상사가 하는 교육 자체에 문제가 있다고 할 수 있습니다. 이 점을 깨우친 상사라면 팀원들을 무턱대고 혼내지 못할 것입니다.

무작정 야단만 치는 상사는 무능하다

두 번째는 업무 능력이 없는 사실을 들킬까 봐 전전긍긍하는 유형입니다. 이런 상사는 팀원이 실수하면 일과 직접적인 상관이 없는 부분까지 트집을 잡습니다. 팀원을 '부전장'으로 불러 혼내는 것입니다. '부전장'은 본 업무를 의미하는 '주전장'이 아닌 부분을 말합니다.

아들러는 부전장에서 혼내는 것을 '가치 저감 경향'이라 불렀습니다. 아랫사람을 깎아내려 자기 가치를 상대적으로 높이는 행동을 뜻합니다. 아랫사람에게 존경받으려면 유능해야 합니다. 무능한 상사는 능력이 안 되므로 팀원들을 혼내는 것으로 우위에 서고자 합니다. 누군가를 다짜고짜 혼내는 건 그 사람이 가진 열등감에서 비롯된 행위입니다. 그런 상사는 전혀 무서워할 필요가 없습니다.

한편 그런 상사에게 혼나는 데에는 팀원들도 나름의 목적이 있습니다. 무서운 상사는 바로 우리가 만들어 내고 있습니다. 이 말이 지금 당장은 와닿지 않을지도 모릅니다. 무섭다는 이유로 견디기 힘든 상사에게 아무런 행동도 취하지 않는다면 바로 그 점에 나름의 '목적'이 있다는 뜻입니다.

그 목적이 무엇인지 함께 생각해 봅시다. 첫 번째는 업무로는 상사에게 인정을 못 받으니 혼나고 싶지는 않지만 '실수했을 때 혼난다'라는 식으로라도 상사에게 인정받고 싶기 때문입니다. 굉장히 뒤틀린 인정욕구라고 할 수 있습니다. 이런 경우 상사가 팀원을 혼내면 혼낼수록 실수는 계속됩니다.

두 번째는 자기 보호와 책임 회피입니다. 상사가 틀린 줄 알지만 지적하지 않는 경우가 있습니다. 지적하지 않는 목적은 무엇일까요? 나중에 가서 '그때 상사가 틀린 줄 알고 있었다'라고 말하는 것입니다. 상사의 실수를 지적함으로써 본인의 잘못이나 책임을 회피하고 싶은 것이지요. 이때 '상사는 무서운 사람'이라고 생각함으로써 아무 말도 '하지 않았음'을 '하지 못했다'라고 나름의 이유를 만들어내는 것입니다.

이렇게 알면서도 상황을 봐가며 행동하는 건 솔직히 치사하다고 생각합니다. 상사일지라도 틀린 걸 알았다면 그 자리에서 지적해야 합니다. 그런 사람을 좋지 않게 생각하는 상사도 있겠지만 유능한 상사라면 지적해 주는 것을 고마워할 것입니다. 유능한 상사는 다른 사람들이 자신을 어떻게 생각하는지보다 일을 우선시하기 때문입니다. 어쩌면 무서운 상사가 아닌데, 아랫사람이 이러한 이유로 무서운 사람이라고 혼자 생각하고 있는지도 모릅니다. 이것이 바로 무서운 상사는 우리 자신이 만들어 내고 있다는 말의 의미입니다.

저는 '비아냥대고 야단만 치는 상사를 못 참겠다'라고 생각하는 건 좋은 일이라고 생각합니다. 대처 방법까지 고민하고 있다면 더 좋겠지요? 일에 최선을 다하지 않으면 공헌감도 얻을 수 없으며 사는 보람도 느낄 수 없습니다. 상사를 위해 일하는 건 아니지만, 무섭게 생각하는 사람과는 함께 일할 기분이 나지 않을 것입니다. 괜히 나섰다가 또 혼날까봐 적극적으로 일에 뛰어들지도 못합니다.

이런 상사 밑에서는 어떻게 해야 공헌감을 얻을 수 있을까요? 상사가 어떻게 행동하든 눈치 보지 말고 올바른 지적이면 받아들여서 잘못된 부분을 고쳐나가면 됩니다. 일이나 누군가에게 도움이 되는 결정을 하고 내 의견이 받아들여지면, 상사가 나를 좋지 않게 생각해도 공헌감과 삶의 보람을 느낄 수 있습니다. 그런 사람이 되면 '상사가 나를 어찌 생각하든 신경 쓰지 않게' 될 것입니다.

일은 제대로 하지 않으면서
참견하기 좋아하고 자기주장만
펼치는 동료가 싫습니다

행동은 안 하면서 주변 사람들에게 자기 어필만 열심입니다. 조언은 부탁하지도 않았는데 쓸데없이 참견해서 일만 더 늘립니다. 직장에 이런 동료 한 명쯤은 있지 않나요? 함께 분석해 봅시다.

A

입만 살아 있는 사람에게는

'열등 콤플렉스'가, 자기 어필하는

사람에게는 '우월 콤플렉스'가

있습니다. 그런 사람에게

휘둘리지 맙시다.

이런 사람은 많습니다. 아들러는 『삶의 과학』에서 이렇게 말했습니다.

> 좋은 의도를 가지는 것만으로는 부족하다.
> 중요한 건 실제로 해내는 것, 실제로 도움을 주는 것이다.

'좋은 의도'만 있어도 되면 어려울 게 없습니다. 예를 들어 '내일부터 다이어트 시작'이라고 선언만 하면 됩니다. 그런데 내가 실행에 옮길 기색이 전혀 보이지 않자 친구가 다이어트는 어떻게 됐냐고 묻습니다. 나는 분명 이렇게 대답하겠지요.

"살 빼야 해. 근데......"

이렇게 말만 하고 결국 다이어트를 실행하지 못합니다. 아들러는 '근데'라는 말을 자주 쓰는 것을 '신경증적 라이프스타일'이라 불렀습니다. '라이프스타일'은 어떠한 과제에 직면했을 때 그것을 해결하는 패턴을 말합니다. '성격'과 비슷한 의미지만 선천적인 것이 아니어서 아들러는 '라이프스타일'이라는 단어를 사용했습니다. 신경증적 라이프스타일을 가진 사람은 어릴 적부터 과제에 도전은 하지만 실패하는 경험을 반복해 왔을 가능성이 큽니다.

'근데'라는 말을 자주 하는 사람은 해야 하는데 할 수 없어서 고민하는 것이 아닙니다. '근데'라고 말한 시점에 이미 '하지 않겠다'라고 결심한 것입니다. 이때 할 수 없는 이유(사실은 하고 싶지 않은 이유)를 열거합니다.

아들러는 'A여서(또는 A가 아니어서) B를 할 수 없다'라는 논리를 평상시 남발하는 것을 '열등 콤플렉스'라고 불렀습니다. 'A라는 이유가 있으면 못해도 어쩔 수 없다'라며 주위가 수긍할 수밖에 없는 이유를 끌고 옵니다. 그렇다면 왜 과제에서 도망가려고 하는 걸까요?

두 가지 이유가 있습니다. 아들러는 '모든 신경증은 허영심'이라고 주장했습니다. '너무 단순화되어서 이해받지 못할 수도 있다'라고 말했으나 의미는 분명합니다. 앞서 살펴본 것처럼 이런저런 이유를 대며 자기 과제를 회피하려고 하는 사람은 신경증적 라이프스타일로 사는 것입니다. 이런 '신경증자'에게는 허영심이 있습니다. 그들은 자기를 좋게 보이고 싶어 합니다. 아들러는 『왜 신경증에 걸릴까』에서 '괴력남' 이야기를 했습니다.

서커스 무대 위에서 괴력남이 아주 힘겹게 바벨을
들어 올렸습니다. 관객이 박수갈채를 보내는 가운데
한 아이가 무대로 올라왔습니다.
그러자 괴력남이 방금 힘겹게 들어 올린 바벨을
한 손으로 훌쩍 들고는 사라졌습니다.

아들러는 가벼운 바벨을 호들갑스럽게 들어 올리며 사람들을 기만하고, 힘든 척하는 데 능수능란한 신경증자가 많다고 주장합니다. 이런 사람들은 힘겨운 척하며 끝까지 해내는 것을 통해 사람들에게 좋은 인상을 주고 싶어 하는데 이것이 바로 허영심입니다.

다음으로 완수가 어려울 듯할 때 또는 실제로 해내지 못했을 때 그 이유를 댑니다. 일을 완수하면 정말 힘들게 해냈다는 듯 호들갑을 떱니다. 마치 괴력남처럼 말이죠.

과제에서 도망가려고 하는 다른 이유는 '하면 된다'라는 가능성 속에서 계속 살고 싶기 때문입니다. 가능성이 작아 보이는 일에는 도전하려고 하지 않는 사람이 있습니다. 이런 사람은 어릴 때 이런 말을 들었을지도 모릅니다.

"너는 원래 머리는 좋으니까 마음먹고 열심히 하면 성적이 잘 나올 거야."

　부모님에게 이런 말을 듣고 열심히 공부했는데도 성적이 잘 안 나오면 공부를 못한다는 사실을 인정해야 합니다. 그래서 '공부하면 성적이 잘 나올 거야'라는 가능성 속에 머물러 있는 편이 낫다고 판단합니다. 이런 경험을 한 사람은 어른이 되어서도 똑같이 행동합니다.

　저는 대학에서 고대 그리스어를 가르친 적이 있습니다. 수업에서 문법을 설명한 뒤 학생들에게 연습문제로 나온 그리스어를 일본어로 바꾸도록 했습니다. 어느 날 일본어로 바꾸지 않고 멀뚱히 앉아 있는 한 학생을 발견했습니다. 그에게 왜 안 하냐고 물으니 틀릴까 봐 그랬다고 답하더군요. 이 학생은 영어는 물론 독일어, 프랑스어까지 완벽하게 마스터한 학생이었습니다. 살면서 실패하는 경험을 한 적이 없는 학생이었습니다.

　가르치는 입장에서 학생들이 대답을 안 하면 수업을 진행하기 힘듭니다. 어느 부분이 이해가 안 되는지 모르면 어떻게 가르칠지 막막하고, 기르치는 방식에 문제가 있는지 확인하기도 어렵습니다. 틀려도 공부 못하는 학생으로 생각하지 않겠다고 약속하자 다음 시간부터는 학생들도 이를 신경 쓰지 않게 되었고, 실력도 자연스럽게 늘었습니다. 공부든 일이든 현재의 나를 있는 그대로 받아들이는 것부터 시작해야 합니다.

다른 사람 일에 관심을 가지는 이유

이번 고민은 동료가 일도 제대로 하지 않고 능력이 부족하다는 사실도 자각하지 못할뿐더러 남의 일에 간섭까지 하는 게 문제입니다. 부탁도 안 했는데 남 일에 관해 이러쿵저러쿵 이야기하는 건 '참견'입니다.

문제는 이런 참견이 결코 그 사람을 위한 것이 아니라는 점입니다. 자기는 아무것도 안 하면서 남을 움직이게 하면 스스로 대단한 줄 착각하는 사람이 있습니다. 만약 리더의 위치에 있는 사람이라면 팀원들에게 일을 지시해야 하고 본인이 움직이면 안 되는, 움직이지 않아도 되는 일들이 있습니다. 이 경우 리더는 말만 많은 게 아니라 능력이 있는 사람이기에 팀원들도 리더를 잘 따라야 자기들도 일을 잘 해낼 수 있다는 사실을 압니다.

그런데 이 고민의 상대는 리더가 아니라 동료입니다. 스스로 움직이지 않고 지시만 하는 사람은 모두가 꺼립니다. 자기 어필을 하는 사람은 아들러의 말을 빌리면 '우월 콤플렉스'가 있는 사람입니다. 우월 콤플렉스는 열등감의 반동 형성입니다. 정말 능력 있는 사람은 자기의 유능함을 과시하지 않으며 과시할 필요성을 전혀 느끼지 못합니다. 능력자는 그저 능력자일 뿐입니다.

젊은 세대에는 거의 없지만 '과거의 영광'에서 벗어나지 못하는 (이른바 '꼰대' 같은) 사람도 있습니다. 이런 사람에게도 우월 콤플렉스가 있습니다. '라떼는'을 시전하며 '우리 때는 요즘과는 달라. 훨씬 많이 일했어'라고 자랑하는 화석 같은 사람도 있습니다. 이런 말을 하는 사람들을 보면 아직 컴퓨터도 상용화되기 전에 일했던 사람들이 대부분입니다. 따지고 보면 요즘 젊은 세대들은 그때보다 훨씬 많은 업무량을 빨리 처리하고 있는 셈입니다.

지금까지 살펴본 이야기들을 바탕으로 그 동료가 왜 그렇게 자기 어필을 열심히 하는지 이해해 봅시다. 조금이라도 이해를 한다면 그런 사람은 괜히 신경 쓰지 말고 내 페이스대로 직장생활하는 게 현명하지 않을까요? 그들에게 군이

내 에너지를 쓰고 나의 이너피스가 깨진다 생각하면 너무
아깝습니다.

아이를 칭찬하지도 혼내지도 말고
대등하게 대하고 싶은데,
실천하기가 어렵습니다

보통 아이가 나쁘게 행동하면 혼내고 착하게 행동하면 칭찬
해 주는 게 지극히 당연하다고 생각하지만, 아들러 심리학
에서는 부모가 아이를 혼내거나 칭찬하는 것을 권장하지 않
습니다. 우리 아이가 행복하게 살아가려면 부모로서 어떻게
행동하는 게 좋을까요?

아이를 혼내거나 칭찬하면

아이는 자기가 가치 없는

사람이라고 생각하게 됩니다.

부모는 먼저 본인이 하는 행동의

의미를 이해해야 합니다.

모든 사상은 단순히 이해만 하면 되는 거면 어려울 게 없습니다. 내용이 어려우면 이해하려고 노력하면 됩니다. 그러나 내 인생이 근본부터 바뀔 만한 사상을 만나면 '머리로는 이해되지만 실천하기 힘들다'라는 단계에 계속 머물러 있기를 바라는 사람이 있습니다. 왜 그런지 살펴보겠습니다.

'칭찬하지 않기', '혼내지 않기', '대등하게 대하기'. 이 세 가지는 각각 별개가 아닙니다. '아이를 대등하게 대하라'라는 말이 아이를 칭찬하지 말라는 말이며, 혼내지 말라는 말이기도 합니다. 대등하게 대할 수 없는 이유는 '대등하다'라는 의미 자체를 이해하지 못하고 있기 때문입니다. 아들러는 『성격 심리학』에서 다음과 같이 말했습니다.

시중드는 사람과 지배하는 사람으로 나뉜다는 사실을
머릿속에서 몰아내고 모두가 완벽하게
대등한 존재라고 느끼기란 지금도 여전히 어렵다.
그러나 이렇게 생각하는 것 자체가 진보다.

즉 '대등하다'라는 것이 무엇인지 생각조차 해보지 않은 사람이 아직 많은 듯합니다. 우리는 '대등하다'의 뜻을 먼저 알아야 합니다.

그러기 위해 혼내는 것이란 무엇인지 생각해 보겠습니다. 아이가 문제를 일으켜도 평상시 아이들을 대등하게 생각하는 부모라면 어디가 문제인지 설명한 다음 고치라고 요구합니다. 반면에 아이를 혼내는 부모는 '말로 설명해도 못 알아듣는다'라고 멋대로 생각합니다. 이는 상대를 낮잡아 보고 있기 때문입니다.

한편 칭찬도 상대를 대등하다고 생각하지 않기에 하는 것입니다. 아이들은 칭찬받으면 좋아하고 올바르게 자랄 것이라고 생각하는 사람들이 많습니다. 그러나 아이와 자신이 대등한 관계라고 생각하는 부모는 아이를 칭찬하지 않습니다.

어린아이가 지하철에서 울거나 칭얼거리지 않고 조용히 장시간 버티면 부모는 칭찬해 줄 겁니다. 그런데 성인에게 '지하철도 조용히 잘 타고 대단하네' 같은 말을 할까요? 절대 하지 않습니다. 아이가 못 할 것 같았던 일을 해내면 우리는 칭찬을 합니다. 그러면 아이는 어른들은 자기한테는 쉬운 일인데, 나는 아이라서 못 한다고 생각하나 보다라고 해석하게 됩니다. 이때 아이는 자신이 무능한 취급을 당했다고 생각합니다.

자기 가치를 잃다

혼나거나 칭찬받으면 나는 가치 없는 사람이라고 여기게 되는 점이 첫 번째 문제입니다. 지금 막 저지른 실수에 관해 혼나면 자기 잘못이기에 어쩔 수 없다고 생각할지 모릅니다. 그러나 '할 줄 아는 게 하나도 없냐'라던가 '매번 실수만 하면 어떡하냐'처럼 직장에서라면 상사 갑질에 해당하는 질타(표현은 다르겠지만)를 부모에게 받으면 아이는 인격을 부정당했다고 느끼고 자신은 가치 없는 사람이라고 생각하게 됩니다.

칭찬 또한 '아이가 이렇게 자라면 좋겠다'라고 조건을 붙이는 일입니다. '이런 아이는 인정하지만 이런 아이는 인정 못 해'라고 아이에게 선포하는 셈이기에 부모에게 칭찬받지 못한 아이는 스스로를 과소평가하게 됩니다.

자신이 가치 없는 사람이라고 생각하게 되면 용기를 내지 못합니다. 여기서 말하는 '용기'란 일(아이라면 공부가 되겠지요)에 최선을 다할 수 있는 용기, 대인관계를 맺을 수 있는 용기입니다. 공부는 아이의 과제이기에 자기 힘으로 해야 합니다. 공부하지 않았을 때의 책임도 아이 스스로 질 수밖에 없습니다. 공부는 부모가 아이에게 시킬 수 있는 게 아닙니다. 공부를 시키기 위해 아이를 혼내면 아이는 스스로 가치(능력) 없는 사람이라고 생각하고는 의욕을 잃어 결국 부모의 기대를 저버리고 공부를 안 하게 됩니다.

또 다른 문제도 있습니다. 이렇게 자신을 비하하는 아이는 대인관계를 맺으려고 하지 않는다는 점입니다. 대인관계를 맺으면 미움받거나 시기, 질투에 시달리며 어쩔 수 없이 상처를 입게 됩니다. 그런데 그게 두려운 아이는 부모에게 야단맞고 느낀 '나는 가치 없는 사람이다'라는 생각이 영향을 미쳐 '나는 가치 없는 사람이니 대인관계를 맺지 말자(예를 들면 등교 거부)'라고 생각합니다.

대인관계를 맺다 보면 상처받는 일도 생기지만 행복을 느낄 수 있는 것도 사실입니다. 아이의 행복을 바라지 않는 부모는 없습니다. 다만 부모의 행동이 바람과 모순적일 때가 있습니다. 부모는 아이가 받을 영향은 이해하지 못한 채 혼내거나 칭찬하는데, 이는 아이에게 도움이 되지 않습니다. '실천하기 어렵다'라고 말하기 전에 부모 스스로 자신들이 하는 행동의 의미를 먼저 이해해야 합니다.

결국 칭찬받거나 혼나면서 자란 아이는 혼나지 않거나 칭찬받지 못하면 본인이 하는 행동에 가치가 있는지를 스스로 판단할 수 없게 됩니다. 내 행동의 가치, 나의 가치는 스스로 인정할 수 있어야 합니다. 그게 옳은지 그른지는 혼나거나 칭찬받는 것과 상관없이 스스로 판단할 줄 알아야 합니다. 혼나기 전에는 문제행동을 계속하다가 혼나야 멈추고, 칭찬받으면 으스대다가 칭찬받지 못하면 아무것도 하지 않는 사람이 되면 안 됩니다. 혼나면서 자란 아이는 '착한 아이'로는 성장할 수는 있겠지만, 그런 아이도 결국은 부모의 안색만 살피고, 알아서 적극적으로 행동하지 않게 됩니다.

세 번째는 위 내용과도 연관이 있는데, '칭찬과 야단을 그만두지 못하는 사람'의 가장 큰 문제는 아이를 자신에게 의존시켜 우월감을 가지고자 한다는 점에 있습니다. 아이가 자기 말을 들어주고, 아이의 행동을 평가할 수 있다는 사실이 좋은 것입니다. 이런 부모 또한 혼나고 칭찬받으며 자랐기에 자신의 가치를 스스로 인정할 수 없는 사람입니다.

아이가 그렇게 자랄 경우 남과 경쟁하는 것을 매우 중요히 생각하게 됩니다. 형제관계에서 보면 부모에게 칭찬받음으로써 다른 형제보다 우위에 서려고 하는 사람이 있습니다. 칭찬받으면 우월감에 빠질 수 있는 위험이 있습니다. 공부나 일은 우월감과는 전혀 관계가 없습니다. 이들은 결국 자신의 가치를 경쟁이나 상하관계에서만 생각하게 됩니다.

이런 사람이 리더가 될 경우 일에 자신감이 없고 아랫사람에게 자신의 무능함을 들키는 게 무서워 일과는 상관없는 부분에서 무논리로 아랫사람을 야단칩니다. 상대의 가치를 깎아내려 자신이 우위에 서려고 하는 행동입니다. 가정에서도 아이가 나를 존경하지 않는다고 생각하는 부모는 혼내거나 칭찬하는 방법으로 아이를 의존시켜 자기 자존심을 채우려고 합니다.

'칭찬 안 하기', '혼내지 않기', '대등하게 대하기'가 실천하기 어렵다고 하는 사람은 실천을 못하는 게 아닙니다. 그저 실천하고 싶은 않을 뿐입니다. 자신의 우위성을 위협받고 싶지 않기 때문입니다.

4장

사랑이 어렵고

관계에 지칠 때

더 이상 진전이 없는 상대와
관계를 정리하고 앞으로
나아가고 싶습니다

이 사람은 저와 진지하게 사귈 생각이 없거나 사귀더라도
결혼할 생각은 없어 보입니다. 앞으로 둘의 관계가 더 이상
깊어지지 않는다면 새로운 사람과 미래를 꿈꾸는 편이 나을
까요?

미래가 보이지 않는다고

상대방과의 관계를

'억지로 끊을' 필요는 없습니다.

서서히 '복용 횟수'를

줄여가면 됩니다.

목표를 정해놓지 말고 '지금, 이 순간'을 즐겁게 살다 보면 머지않아 자연스럽게 결과를 알 수 있게 됩니다. 그 '결과'가 '더 이상 관계가 발전하지 않는다'라면 그 사람과 미래를 함께 그리기 어려운 건 사실입니다.

저는 연인관계의 최종 목표가 반드시 결혼일 필요는 없다고 생각합니다. 다만 서로가 서로를 좋아하고 관계를 더 발전시키고 싶다면 무엇보다도 둘 사이의 목표를 일치시켜야 합니다. 여기서 '목표'란 앞으로 두 사람의 관계를 어떻게 하느냐입니다.

학생일 때는 그저 함께 있는 것만으로도 좋습니다. 하지만 졸업 후에는 어떤 일을 하고 직장은 어디로 잡을지, 그에 따라 어디서 살지 등을 일일이 정해야 합니다. 장거리 연애를 하게 될 수도 있습니다. 삶의 큰 변화를 겪기에 학생 때 잘 사귀던 커플이 결혼으로 이어지지 않는 경우도 꽤 있습니다. 이러한 외부 환경이 아니더라도 한 사람은 결혼을 원하는데 상대방은 전혀 결혼할 생각이 없다면, 서로의 목표가 다르다는 현실이 드러나는 타이밍에 두 사람의 관계는 끝나기도 합니다.

결혼할 생각이 없는 쪽은 결혼할 수 없는 사정을 끝없이 열거하겠지만 결국 모두 결혼하지 않는, 결혼하고 싶지 않다는 사실만 정당화하기 위해 끼워 맞추는 핑계에 불과합니다. 관계를 더 발전시키고 싶다면 앞으로 둘의 관계를 어떻게 할지 진지하게 이야기를 나눠야 합니다. 이 이야기를 하다가 둘 사이에 마찰이 발생한다면 관계가 더 진전될 가능성은 안타깝게도 없어 보입니다.

혹 그 전부터 사이가 좋지 못해 상대방의 얼굴도 보기 싫고 같은 공간에 있기조차 힘들다면 결론은 간단합니다. 이런 경우는 헤어진 직후에는 정신적으로 꽤 고통스럽겠지만, 시간이 조금만 지나면 딱지가 떼어진 듯 개운할 터이니 감정적으로 행동하지 않는 것이 중요합니다. 상대방을 더 미워하거나 증오하는 마음은 헤어질 결심을 부추기기 위한 것으로, 딱지를 억지로 떼어낼 필요는 없습니다. 다시 피가 나고 상처가 곪을 수 있습니다.

복용 횟수 줄이기

상대방이 나와 진지하게 만날 생각이 없다는 사실을 알

면서도 헤어질 결심이 서지 않으면 이야기가 복잡해집니다. 말로는 헤어지고 싶다고 하면서 관계를 질질 끌고 있다면, 이렇게 말과 행동이 다를 때는 행동이 본심입니다. 헤어지고 싶지 않은 겁니다. 이때도 헤어지기 위해 관계를 '단번에 정리하겠다'는 생각은 하지 않는 편이 좋습니다.

'taper'라는 영어 단어가 있습니다. 가늘고 작은 초를 뜻하는데, 동사로는 '점점 가늘어지다' 또는 '점차 줄어들다'라는 뜻입니다. 약을 복용할 때 증상이 나아져도 바로 끊으면 안 되는 약이 있습니다. 부작용이 나타나는 경우가 있기 때문입니다. 그럴 때는 약을 'taper'해야 합니다. 1회 복용량을 줄이거나 복용 횟수를 줄여야 합니다. 그렇게 조금씩 약의 양을 줄여 나가다 보면 마지막에는 약에서 완전히 벗어날 수 있습니다. 헤어질 때도 현명하게 'taper'하지 못하면 헤어진 뒤 다시 만나는 일을 반복할 수도 있습니다. 둘 사이의 앞날에 암운이 드리워졌다면 당분간 아예 만나지 않는 편이 좋을지도 모릅니다.

싸우고 나서 이제 보지 말자고 결심해도 메시지나 전화를 주고받다 보면 다시 보고 싶어집니다. 하지만 다시 만나더라도 같은 이유로 또 헤어질 가능성이 큽니다. 오래 안 만나면 의외로 아무렇지 않을 수도 있습니다. 예를 들어 두 달 동안 아예 연락하지 않고 지냈다가, 그래도 다시 보고 싶고 대화하고 싶은 마음이 들면 그때 처음으로 돌아가면 됩니다. '돌아가는'이 아니라 '처음부터 다시 시작한다'는 표현이 나을 듯합니다.

　'둘 사이가 더 발전하려면 목표를 일치시켜야 한다'라고 말했는데, 아무 목표나 다 되는 것은 아닙니다. 그리고 그 목표를 미래에 설정할지 말지도 확실하지는 않습니다. '지금, 이 순간'에 함께하는 시간이 만족스럽지 못하여 둘 사이를 진전시켜야 한다고 조바심을 내고 있다면, 둘의 목표가 일치되더라도 목표 실현에만 초점이 맞춰지면 대립하게 될 수도 있습니다. 함께 행복한 시간을 보내도 모자랄 판에 그렇게 되지 않도록 신중하게 행동합시다.

내가 관심 있는 사람은
나를 돌 보듯 하고, 관심 없는 사람만
호감을 보입니다

내가 좋아하는 사람은 왜 나에게 관심이 없는 걸까? 이런 속
상한 경험 다들 해보지 않았나요? 막상 내가 관심 있는 사
람은 나를 돌 보듯 하는데, 연애 상대로 안 느껴지는 사람은
나에게 호감을 보이는, 심술쟁이 연애를 철학 관점에서 풀
이해 보겠습니다.

A

내가 적극적으로 '작업'을

걸어야 합니다.

나를 좋아하게 만들고 싶다면

상대의 마음이 움직일 만한

'공명共鳴'이 필요합니다.

내가 호감 가는 사람이 나에게 관심이 있다면 연애는 참 쉽겠지요. 그러나 현실에서는 내가 관심 없는 사람은 나를 좋아하고, 내가 끌리는 사람은 나에게 관심이 없는 경우가 은근히 있습니다.

만약 좋아하는 사람이 있어도 그 마음을 알리려고 노력하지 않기로 마음먹었다면 이야기는 굉장히 단순해집니다. 그가 나를 좋아하지 않아도 괜찮다고 생각하는 것이기 때문입니다. 그럼 노력하지 않고 그저 혼자 좋아하는 건 문제가 없느냐고 한다면, 그렇지는 않습니다. 철학자 모리 아리마사는 그가 처음으로 여성에게 향수鄕愁를 닮은 마음과 동경, 그리고 희미한 욕망을 느꼈을 때의 심경을 책『바빌론 강가에서バビロンの流れのほとりにて』에 남겼습니다.

사실 모리 아리마사는 그 동경의 여인과 한마디도 나누지 못한 채 여름이 끝났고, 그녀는 가버렸습니다. 그는 '아주 주관적으로 대상과의 직접적인 접촉 없이 하나의 이상형을 만든' 셈입니다. 그러나 그 이상형은 그녀의 실제 모습이 아닌 그가 상상한 '원형'에 불과했습니다. 어쩌면 그녀와 한마디도 나누지 않은 건 차라리 잘된 일인지도 모릅니다. 그녀는 그의 마음속에서 영원히 원형으로 살아갈 수 있었으니까요.

그런데 마음만 애태우고 말 한마디 나누지 못한 관계라면 과연 '사랑'이라 부를 수 있는지 고민해 볼 필요가 있습니다. 말을 나누기 전에는 사람의 모습을 하고 있어도 '사물'과 다를 바 없습니다. 호감 가는 사람이 원형이나 이상형이 아니라 현실의 '사람', '인격'이 되려면 말을 주고받아야 합니다. 철학자 하타노 세이지波多野 精一(1877~1950)는 책『종교철학宗敎哲學』에서 인격 성립에 관하여 다음과 같이 말했습니다.

> 창문에서 바라보는 길 가는 사람은 바라보고 있는
> 한 '사람'이라 부르지만, 사실 사람이 아니라
> 사람의 모습, 즉 '사물'에 불과하다.
> 그런데 그중 한 명이 멈춰서서 뒤를 돌아봤다.
> 그가 입을 열었다. 그 사람은 우리 동무였다.
> 그 사람과 말을 나눴다. 그때 그의 '인격'이 성립되었다.

고작 두세 마디 주고받고 그의 인격을 '안다'라고 하면 그건 어불성설이지만, 대화해 보고 비로소 그가 내가 생각했던 사람과는 다르다는 사실을 깨달을 때가 있습니다.

처음 말을 나눴을 때 '이게 현실 사람이다'라고 느꼈어도 대화를 거듭하면서 바뀌어 갑니다. 상대방도 내 현실을 알게 됩니다. 따라서 나는 상대에게 관심이 생겼더라도 상대는 환멸을 느낄 수도 있습니다. 반대의 상황도 일어납니다. 즉 말을 나누기 전에는 전혀 관심 없던 사람이 대화를 나눈 뒤로 신경 쓰이고 호감이 생기기도 합니다.

'호감 가는 사람이 나를 돌 보듯 한다'라고 했다는 건, 상대에게 무언가 '행동'을 한 건 분명해 보입니다. 어떻게 행동하느냐에 따라 상대의 반응이 달라질 수 있으므로 그 방식에 문제가 있어 나에게 관심이 생기지 않았을 수도 있습니다.

인간은 자유를 통해 사랑을 느낀다

작업에는 두 가지 종류가 있습니다. 첫 번째는 적극적으로 작업을 거는 것입니다. 상대의 관심을 받고자 내 존재를 어필합니다. 여기서 매우 역설적인 일이 일어납니다. 모리 아리마사는 책 『사막을 향해砂漠に向かって』에서 '사랑은 자유를 갈구하나 자유는 필연적으로 그 위기를 심화한다'라고 말했습니다.

우리는 어떤 때 사랑받는다고 느껴질까요? 상대가 나를 속박하지 않고 스스로 자유의 몸이라고 생각될 때입니다. 속박이나 구속, 지배와 같은 행위는 되려 상대를 자신에게서 멀어지게 합니다. 예를 들어 회식을 가는데 어디로 가느냐, 누구랑 가느냐, 몇 시에 끝나느냐 등 꼬치꼬치 캐물으면 자신을 못 믿는다고 생각할 것입니다.

그럼, 상대를 속박하지 않고 자유로울 수 있는 상황을 만들면 어떻게 될까요? 모리 아리마사가 말한 대로 '사랑의 위기를 심화'하게 될 수도 있습니다. 상대가 어떻게 행동해도 용서되는 상황이면 내가 아닌 다른 사람으로 관심을 옮길 수 있기 때문입니다. 하지만 이것이 모리 아리마사가 말한 '필연적'인 것은 아닙니다. 자유롭다고 해서 반드시 관심이 다른 사람으로 바뀌지는 않으니까요. 오히려 자유가 사랑을 성취하는 일이 일어날 수도 있습니다.

이 세상에는 강요할 수 없는 게 두 가지 있습니다. 하나는 '존경'이고 또 다른 하나는 '사랑'입니다. '나를 존경하라', '나를 사랑하라'라는 말만 듣고 상대를 존경하거나 사랑할 수는 없습니다.

앞서 말한 대로 나에게 관심을 보이길 바라는 사람에게는 모종의 방식으로 작업을 걸게 됩니다. 강요하지 않았다고 해도 상대가 그 '행동'을 '나를 사랑하라'처럼 받아들였을 가능성이 있습니다. 그렇게 생각하면 내가 호감 있는 사람이 나를 돌 보듯 한 것도 이해됩니다.

두 번째는 작업을 걸지 않는 것입니다. 우리는 보통 관심 없는 사람에게는 어떤 작업도 걸지 않습니다. 즉 '내가 관심 없는 사람이 나를 좋아하는 것'은 그 사람에게 아무런 작업도 걸지 않아서입니다. 이 사실을 아는 사람은 좋아하는 사람에게 적극적으로 다가가지 않고 관심 없는 척을 합니다.

메시지가 와도 바로 답장하지 않으면 상대는 애가 타고 기분 상하게 할 만한 메시지를 보낸 건 아닌지 불안해집니다. 이런 방법으로도 상대의 관심을 끌 수 있습니다. 밀당의 옳고 그름은 일단 차치하고, 적극적으로 작업을 걸지 않는데도 상대에게 영향을 미치는 이유를 생각해 보겠습니다.

독일의 작가이자 정신분석학자 루 살로메Lou Andreas-Salomé (1861~1937)는 한 남성과 열렬히 교제했습니다. 9개월 뒤 그 남성은 책 한 권을 썼습니다(H.F. 페터즈 저, 『루 살로메의 사랑과 생애』). 그녀와 친분이 있던 니체와 릴케도 살로메에게 영감을 받아 책과 시를 썼습니다. 새로운 사랑이 시작되면 책까지는 안 쓰더라도 읽는 책이 바뀌고, 듣는 음악이 달라지는 경험을 한 사람은 많을 것입니다. 이 변화는 자발적으로 일어납니다. 이렇게 생각하면 작업을 하나 더 추가할 수 있습니다. 적극적이지도 가만히 있지도 않고, 지배하지도 지배당하지도 않고, 내 본연의 모습으로 상대에게 영향을 주는 '공명共鳴'이라고 하는 작업입니다.

사랑받고 싶다면 상대의 마음속에 울림을 일으킬 만한 무언가를 가지고 있어야 합니다. 문제는 상대가 내 작업에 공명할지 말지는 내가 정할 수 없습니다. 서로의 진동수가 같아야 하기 때문입니다.

이번 고민의 또 다른 문제점은 내가 책임을 회피할 수 있다는 점입니다. 내가 관심 있는 사람에게 관심받지 못하는 것을, '내가 이렇게까지 좋아하는데 몰라준다'라며 상대 탓을 할 수 있다는 뜻입니다. 반대로 좋아하지도 않는 사람이 나에게 호감이 있다고 해서 그 사람과 가까워지려고 하지도 않는다는 겁니다.

혹 상대가 내 마음을 받아주면 그래도 연애에 성공할 수 있지 않을까 라고 생각한다면, 안타깝지만 이 또한 그리 간단한 문제가 아닙니다. 내가 좋아하는 사람이 나에게 관심을 보이고 좋아해 주면 날아갈 듯 기쁘겠지만, 이는 연애 초기에나 가능한 이야기입니다. 나도 상대를 더 사랑해야 하고 관계를 발전시키기 위해 노력해야 합니다.

그런데 가끔 그 노력이 열매를 맺지 못할 때가 있습니다. '나에게 관심이 생기면 좋을 텐데'라며 희망을 품었던 때가 편할지도 모릅니다. 그래도 본인이 적극적으로 나서서 상대를 사랑하고 책임을 지겠다는 각오 없이는 사랑을 얻지 못합니다.

좋아해선 안 될 사람을 좋아합니다.
이 관계를 끝내고 싶습니다

상대가 있는 사람을 좋아하게 됐습니다. 처음에는 가벼운 마음으로 만나기 시작했는데, 나도 모르는 새에 깊은 사이로 발전해 버려서 어찌할 바를 모르겠습니다. 이 괴로운 사랑을 어떻게 하면 좋을지 함께 생각해 보겠습니다.

문제는 '좋아하면 안 될 사람'을

좋아하게 된 것이 아닙니다.

당신은 이 관계가 자신에게 도움이

안 된다는 사실을 진심으로

깨우쳐야 합니다.

연애는 가능성 안에 있을 때는 쉽습니다. 조용히 혼자서만 좋아하면 상대가 내 마음을 거절하고 상처받는 일도 생기지 않습니다. 오히려 상대와 실제로 대화를 나눠보니 내가 그려온 꿈속의 인물과 너무도 동떨어져 있다는 사실을 알고 환멸을 느낄 수도 있습니다. 그렇다고 미움받고 배신당해 상처받을 것을 두려워하면 연애하기 어렵습니다. 연애뿐 아니라 거의 모든 대인관계가 그렇습니다.

이번 고민은 이런 연애의 현실에 뛰어들 용기는 있어 보입니다. 하지만 그 현실을 마주하는 태도가 소극적인 듯합니다. '어떻게 하면 이 관계를 끝낼 수 있을까요?'라는 질문에서 그렇게 느껴집니다.

아마 처음부터 관계를 끝낼 생각은 아니었을 겁니다. 그러기는커녕 '진심으로 좋아졌다'라고 할 정도이니 사이가 나빠진 건 아니라고 생각합니다. 그런데 어떻게 끝낼 수 있냐고 묻는다는 건 상대가 '좋아하면 안 될 사람'이기 때문입니다. 하지만 이 논리는 전혀 명백하지 않습니다. '좋아하면 안 될 사람'이라고 해서 '반드시 관계를 정리해야 하는 것'만이 해결 방법은 아니니까요.

만나기 시작한 초반에는 상대가 '좋아하면 안 될 사람'이라는 점이 두 사람에게는 문제가 되지 않았거나 큰 문제는 아니었을 것입니다. 추측하건대 지금은 둘 사이에 영향을 줄 만한 어떤 문제가 일어나지 않았나 싶습니다. 아마도 '둘 사이의 문제'가 아니라 관계 유지를 방해하는 '외부에서 발생한 문제'일 것입니다. 그런 문제가 일어나면 둘 중 한 사람이 또는 둘 다 '헤어지는 게 좋겠다'라는 이야기를 꺼냅니다. 헤어지자는 이야기가 한 번 나오게 되면 두 사람의 관계는 연애 초반과 달라집니다. '헤어짐'을 의식하게 되는 것은 문제의 종류나 정도의 차이는 있을지언정 누구나 겪는 일입니다.

두 사람의 관계 자체에서 생겨난 문제일 수도 있습니다. 서로 좋아해서 시작한 연애일지라도 서로의 마음이 계속 변하지 않으리란 법은 없습니다. 자나 깨나 온종일 생각날 정도로 좋아했었는데, 어느 날 불현듯 콩깍지가 벗겨지면서 좋아하던 마음이 사라져 버리기도 합니다. 그래도 사이만 괜찮다면 힘을 합쳐 함께 어려움을 극복하고자 할 것입니다. 따라서 둘 사이의 문제가 관계를 악화시키는 건 아닙니다.

그렇게 생각하니 '어떻게 하면 헤어질 수 있는지'라는 질문이 저에게는 소극적이면서 충동적으로 느껴지는 것입니다. 헤어지는 것 외에도 해결책이 있을 텐데 '헤어지는 것 외에 문제를 해결할 방법이 없다. 그런데 헤어질 수 없다'라고 주장하고 있기 때문입니다. 이 사람은 문제를 해결할 의지가 전혀 없습니다.

사람은 사랑에 빠지는 것이 아니다

저는 '좋아하게 됐다'라고 말한 대목도 짚고 넘어가고 싶습니다. 이 말에는 '스스로 어찌할 수 없었다'라는 의미가 함축되어 있습니다. 자기도 모르는 사이에 좋아하게 되었고, 그 사람이 '마침' 좋아해선 안 될 사람이었다는 것입니다.

사랑은 '빠지는 것'이라고 생각하는 사람이 많습니다. 그런데 사랑은 '빠지는', 즉 좋아하게 되는 것이 아닙니다. 어디까지나 자신이 '이 사람을 좋아하자'라고 마음먹은 것입니다. 어째서 '좋아하게 되었다'가 아니라 '좋아하자고 내가 정했다'일까요? 이유는 만나고 초반에는 그 사람의 장점으로 보였던 부분이 사이가 좋지 않을 때는 단점으로 보이기 시작하기 때문입니다. '의지할 만한 사람'이 '지배하는 사람'으로, '착한 사람'이 '우유부단한 사람'으로 바뀌는 것처럼 말이죠. 누군가를 좋아하게 될 때 먼저 '저 사람 좋아해야지'라고 마음을 정하고, 그 뒤에 그 사람을 좋아하는 이유를 찾는 것을 생각하면 이해가 빠릅니다.

연애 상대로 나쁜 남자(여자)를 고르는 사람이 있습니다. 남의 연애 가지고 왈가왈부해서는 안 되지만, 사랑은 '빠지는' 게 아니라 스스로 '선택하는 것'이며 나쁜 상대도 내가 스스로 고른 셈입니다. 이는 나중에 사이가 안 좋아졌을 때 상대방 탓을 하기 위해서입니다.

이번 고민 또한 '좋아하면 안 될 사람'을 '진심으로 좋아하게 된' 셈이니 의식적으로 결단을 내렸다고 할 수 있습니다. 처음에는 언제든지 헤어질 수 있도록, 끈을 언제든지 풀 수 있도록 나비매듭으로 묶었는데, 어느새 단단히 묶여 이제는 쉽게 풀 수 없는 지경이 되고 말았습니다. 지금 흐름에서 보면 '잘못된 일이라는 사실을 알면서도' 헤어질 수 없다고 했는데, 실은 잘못된 일이라고 깨닫지 못한 듯합니다.

플라톤은 소크라테스를 통해 '누구 하나 악을 바라는 사람은 없다'라고 말했습니다. 이 '악'이라는 말에는 도덕적인 의미는 없고 '이롭지 않다', '힘든 일을 당한다', 나아가 '불행해진다'라는 뜻입니다. '선'은 '악'의 반대말로 '이롭다', '행복해진다'를 뜻합니다.

그러므로 '잘못된 일인 줄 알면서 좋아하면 안 될 사람을 좋아하게 되었고 헤어질 수 없다'라는 게 아닙니다. 그런 사람을 좋아하게 된 것도, 헤어질 수 없는 것도 당사자에게는 '선'입니다. 즉 '나에게 이로운 일'이라고 생각하고 있는 것입니다. 그 의미에서 당사자는 사실 갈등하고 있지 않습니다. '갈등하고 있는 것처럼 보이고 싶을' 뿐입니다.

이렇게 갈등하는 듯 보이면 어떤 부분이 나에게 이로울까요? 만약 두 사람 사이에 문제가 있다면 사이를 회복하기 위해 노력해야 합니다. 그러나 노력하지 않고 문제 해결을 미루고 있습니다. 헤어지는 것만이 유일한 해결책인지는 잠시 제쳐놓더라도, '갈등 중'이라고 고민하면 헤어질지 말지에 관한 결단을 보류할 수 있습니다. 고민을 관두면 결단을 내려야 하기 때문입니다.

이런 관계는 어떻게 하면 정리할 수 있을까요? 지금의 관계가 '악', 즉 이롭지 않다는 사실을 진정으로 깨우쳐야 합니다. 지금 두 사람의 관계를 주변에서 독단적으로 비난할 수는 없습니다. 어떤 결과가 나올지 아무도 모르기 때문입니다. 주변에서 비난하더라도 지금 관계를 이어가는 편이 자신들에게 '선'이라고 판단할 수도 있습니다.

여기서 포인트는 상대가 '좋아하면 안 될 사람'이라는 점만 의식하고 있다는 점입니다. 이 사실은 둘의 관계를 규정하는 것도 아니며, '이 문제만 없으면 행복해질 수 있다'라고 생각할 수도 있습니다. 그러나 문제를 없앤다고 해결되는 것은 아닙니다. 어떤 사이여야 행복한지 확실하지 않기 때문입니다.

연인과 말싸움이 끊이질 않습니다.
횟수가 쌓이니 지긋지긋합니다

막 사귀기 시작했을 무렵에는 서로 존중하고 싸우지도 않았습니다. 그런데 어느새 얼굴만 마주치면 말싸움하는 사이가 되었습니다. 사랑하는 사람인데도 사소한 일 때문에 언쟁으로 번지고 맙니다. 이 관계를 개선할 방법이 있을까요?

A

싸우는 것도 다 사이가 좋아서

그렇다고 말하는 사람도 있지만,

그렇지 않다고 생각합니다.

언쟁이 끊이지 않는 두 사람

사이의 사랑은 이미 식었습니다.

뭐든 서로 대화를 나누는 건 중요하지만 대화에 감정을 섞을 필요는 없습니다. 언쟁이 끊이지 않는 건 절대로 대수롭지 않은 일이 아닙니다. 처음부터 그러진 않았을 테니 말이죠. 좋지 못한 관계를 개선하려면 '다들 그렇다'며 쉽게 포기하는 태도를 취하지 말아야 합니다. 사이를 회복하고 싶으면 노력해야 합니다. '노력한다'라고 해서 지금보다 더 좋아해야 한다는 말은 아닙니다. 두 사람의 감정이 아닌 관계를 바꿔야 합니다.

관계를 바꾸는 방법에 대해서는 뒤에 설명하겠지만 헤어지고 싶지 않다면 말싸움을 피해야 한다는 점을 명심해야 합니다. 싸우는 것도 사이가 좋아서 가능하다고 말하는 사람이 있는데, 그렇지 않습니다.

아들러는 『성격 심리학』에서 '분노는 사람과 사람을 멀어지게 하는 감정이다'라고 말했습니다. 말싸움하면서 화내지 않는 사람은 없기에 말싸움을 하게 되면 필연적으로 두 사람의 거리, 대인관계의 심리적 거리가 멀어지게 됩니다. 말싸움할 때는 둘 사이에 사랑은 존재하지 않습니다. '두 사람은 사랑하는 사이지만 말싸움을 한다'가 아니라 '말싸움하는 두 사람은 더 이상 서로 사랑하지 않는다'가 맞습니다.

좋아해서 소통이 잘 되는 게 아닙니다. 우리는 말이 잘 통한다는 생각이 들었을 때 이 사람이 좋다고 느낍니다. 이는 단순히 대화할 때 티키타카가 잘 되는 관계를 말하는 게 아닙니다. 상대방이 좋아할 만한 이야기로 환심을 사지 않아도 되고, 문득 떠오른 이야기를 눈치 보지 않고 편하게 할 수 있고, 침묵이 이어져도 불편하지 않은 관계를 말합니다.

말싸움하는 데에는 이유가 있습니다. 이 사람과는 더 이상 못 만나겠다, 헤어지고 싶다 싶을 때 그런 감정을 만들어내기 위해 말싸움을 시작합니다. 그래서 사소한 일이든 심각한 일이든 상관없습니다. 뭐든 말싸움의 이유가 될 수 있습니다. 그러다 보면 싸우지 않을 때도 싸웠을 때를 떠올리다가 기분이 나빠지고 결국 헤어지겠다는 결심을 굳히게 됩니다.

말싸움이 비뚤어진 인정욕구일 때도 있습니다. 상대에게 인정받기 위해 말싸움을 걸어 상대의 속을 시끄럽게 하는 것입니다. 그 밖에 상대의 마음을 확인할 방법을 모르는 걸지도 모릅니다.

상대의 마음을 괴롭히는 방법으로 관심을 끌 수는 있으나 헤어질 마음이 없다면, 또는 그런 방식으로 사랑받고자 한다면 리스크가 너무 큽니다. 사랑받고 싶다면 '나를 사랑해 주세요'라고 말하면 됩니다. 사랑받고 싶어 말싸움을 거는 방식은 그 목적을 달성하는 수단 중 가히 최악이라고 말하고 싶습니다. 괜한 에너지를 낭비하는 길입니다. 그럴 에너지가 있다면 관계를 개선하는 데 씁시다.

평온한 시간을 함께 보내려면

어떻게 하면 둘 사이를 바꿀 수 있을까요? 먼저 처음 만났을 때 어땠는지 종종 떠올려 봅시다. 사귀기 시작하고 초반에는 혹시라도 나를 싫어할까 봐 조심스러워서 하고 싶은 말도 제대로 못 했을 겁니다. 자기 생각을 확실히 말할 수 있게 된 건 잘됐지만 그렇다고 상대방에게 상처가 되는 말을 거리낌 없이 내뱉어도 되는 건 아닙니다.

상대가 해주길, 또는 하지 말길 바라는 일이 있으면 분노 섞인 감정을 드러내지 말고 '부탁'해야 합니다. 상대에게 요구했다가 거절당하면 감정적으로 변하기 쉽습니다. 그렇게 되지 않도록 상대가 거절할 수 없는 여지를 남기는 말투를 구사하는 게 좋습니다. 구체적으로 말해 의문문(~해줄래?)이나 가정문(~해주면 고마울 것 같아)을 사용하면 두 사람이 감정적으로 변하는 빈도를 줄일 수 있습니다. 물론 이렇게 부탁해도 거절당할 수 있겠지만 거절당해도 물러날 수 있게 됩니다. 무슨 일이 있어도 당장 내 요구를 들어줘야 한다는 생각은 하지 않게 됩니다.

언쟁은 기본적으로는 논의하는 것입니다. 언쟁에서 감정을 빼내야 합니다. 이러한 노력을 거듭하면 두 사람이 만나기만 하면 말싸움하느라 바빴던 때와 달리 평온한 시간을 함께 보내는 빈도가 늘어날 것입니다.

관계는 쌓기까지 시간이 걸리지만 무너지는 건 한순간입니다. 그렇지만 한 번 싸웠다고 해서 영영 관계를 회복할 수 없는 것은 아닙니다. 관계가 산산조각 나기 전에 솔직하게 사과하면 예전처럼 돌아갈 수 있습니다.

노력하는 건 힘들지만 관계를 회복하려면 반드시 필요한 일이고 성과도 나타날 것입니다. 하루아침에 관계가 좋아지지는 않습니다. 그래도 더 이상 쓸데없이 에너지를 낭비하지 않는다는 사실은 깨닫게 될 것입니다.

섹스리스를 해결할
방법이 있을까요?

파트너와의 성관계 횟수가 줄어 걱정된 적 없나요? 연인관계뿐 아니라 부부 사이에서는 더 심각한 섹스리스 문제를 파헤쳐봅시다.

‘지금, 이 순간’을 살 수 있다는

사실을 기뻐할 줄 아는

사람이 됩시다. 그러면 행위를

하지 않는, 좁은 의미의 섹스리스로

인한 고민은 사라질 것입니다.

남녀 관계는 직장에서의 대인관계, 친구와의 관계와 기본적으로 같습니다. 직장에서 존경받는 상사가 가정에서는 자녀들에게 소외당하거나, 친구들과 사이가 좋지 못한 사람이 연인과는 사이가 좋은 일은 거의 없습니다. 어느 하나라도 원만하지 못한 관계가 있다면 대인관계를 맺는 방법에 개선할 점이 있다고 할 수 있습니다.

회사 동료면 업무적으로만 잠깐 부딪히면 되지만, 친구면 함께 보내는 시간이 길어집니다. 연인이나 배우자는 더 가까운 사이여서 함께 있는 시간이 더 깁니다. 그래서 한 번 관계가 틀어지면 고통도 배가 됩니다.

그래도 남녀 관계는 부모 자식 관계보다는 어렵지 않다고 생각합니다. 연인이나 부부는 헤어질 수라도 있지 부모와 자식은 아무리 사이가 나빠도 헤어질 수 없기 때문입니다. 물론 남녀 사이도 쉽게 헤어질 수 있는 관계는 아니어서 고민이 깊어질 수밖에 없습니다.

남녀 관계와 다른 대인관계와의 차이점이 거리가 가깝고 오랜 시간을 함께 보내는 것이냐고 한다면, 그렇지는 않습니다. 오랜 시간을 함께 보낸다고 해서 그 사람이 연인이 되지는 않습니다. 아들러는 육체적으로 상대에게 끌리는 것이 남녀 관계와 다른 대인관계를 구분하는 포인트라고 말했습니다. 하지만 육체적으로 끌린다고 해서 두 사람의 사랑이 바로 쉽게 이루어지지는 않으며, 이루어지기까지 다양한 문제가 발생합니다.

사귀고 난 뒤에도 문제는 끊이지 않습니다만, 여기서는 섹스 문제를 살펴보겠습니다.

육체적 관계는 '다른 때'에 영향을 받는다

먼저 섹스는 두 사람 사이의 일부에 지나지 않습니다. 연애 초반에는 데이트며 섹스며 현실 생활에서 벗어난 '이벤트'이기에 꿈처럼 달콤한 시간을 보낼 수 있습니다. 그런데 함께 지내는 시간이 늘어나고 생활을 공유하다 보면 섹스가 차지하는 비율이 줄어듭니다. 이는 자연스러운 일입니다만, 결국 섹스하지 않을 때의 사이가 좋지 못하면 그것이 섹스에도 영향을 미치게 됩니다.

이런 문제가 생기는 이유는 섹스도 '대인관계'의 일부이기 때문입니다. 이 시간만 다른 시간과 분리하기가 어려워집니다. 싸우면 얼굴을 마주하기조차 싫어지고, 관계할 때를 제외하고는 사이가 점점 나빠져 화해하기까지 시간이 걸리면 관계를 갖는 것도 귀찮아집니다. 물론 그럼에도 다시 예전처럼 사이도 좋아지고 섹스도 하게 되겠지만요.

섹스는 매우 파워풀한 대인관계여서 둘 사이가 좋지 못해도 섹스를 통해 사이가 다시 좋아진 듯 느낄 때도 있습니다. 그런데 이런 방식이 싫은 사람은 관계를 거부하려고 '증상'을 이용할 때가 있습니다. 특별한 이유 없이 거부하기는 그러니 발기부전이나 불감증 같은 증상이 있으면 상대가 섹스를 단념하리라 생각합니다. 어느 날 갑자기 섹스리스가 되는 게 아니라 이런 증상이 원인이 된 것일지도 모릅니다. 저는 이런 증상이 있어 섹스리스 문제를 해결하려고 오는 내담자에게는 증상에 주목하기보다 먼저 두 사람의 관계를 되짚어 봅니다.

섹스가 좋은 의사소통 수단으로 작용하고 있지 않다면 그 또한 두 사람의 관계에 영향을 미칩니다. 사랑이라는 감정은 아무것도 없는 땅에서 갑자기 샘솟아 날 수는 없습니다. 좋은 관계를 쌓고 소통이 잘 되어야 좋아한다는 감정이 생겨납니다. 말이 잘 통하기는커녕 만나기만 하면 싸운다면 두 사람 사이에서 사랑이라는 감정은 사라지고 만 상태입니다.

　섹스도 대인관계로 가까운 사이가 아니면 어려운 것이기에 관계가 멀다 느껴질 때는 서로 소통하듯 섹스를 하게 됩니다. 소통이 잘 된다는 건 실없는 소리를 해도, 아무 말도 하지 않아도 함께 있는 것만으로도 행복한 것을 말합니다. 섹스도 그런 소통의 일종이라고 치면 그저 서로 안고 있기만 해도 좋다고 할 수 있습니다. 섹스리스로 고민하는 사람은 둘 사이에 대화가 없거나 적어서 관계가 좋지 않다고 생각하는 사람과 비슷합니다. 그러니 침묵이 싫다고 억지로 대화하는 게 좋은 관계가 아니듯 섹스리스가 아니라고 해서 두 사람의 관계가 반드시 좋다고도 볼 수 없습니다.

　이윽고 섹스의 목적이 바뀝니다. 어쩌면 처음부터 섹스에 요구된 무언가가 틀렸었는지도 모릅니다. 섹스는 소통을 위한 것이고 함께 좋은 시간을 보내기 위한 행위였는데, 이제는 사랑받고 사랑하는 것의 확증을 갈구하는 것이 목적이 되고 말았습니다. 이럴 때 섹스리스는 사랑받지 못한다, 사랑하지 않는다는 의미로 해석되어 해결해야 할 문제라고 여기게 되는 것입니다. 그렇게 생각하는 사람은 섹스 외에도 두 사람의 관계가 원만하지 못하다는 사실에는 시선을 돌리고 싶지 않기에 사이가 나쁜 원인을 섹스리스로 치부하고 싶은 것이라고도 볼 수 있습니다.

섹스는 다른 어떤 관계보다 친밀하여 두 사람의 관계가 단적으로 드러납니다. 관점을 바꿔 말하면 이 관계가 좋아지면 생활 전반적인 관계를 개선할 돌파구가 될 수도 있습니다. 하지만 섹스는 '지금, 이 순간'에 하는 경험입니다. 당장 지금에 집중하지 못하면 즐겁지 않습니다. 처음 만났을 때 두 사람은 '지금, 이 순간'을 즐겼을 테고, 함께 있는 것만으로도 충분히 행복했을 것입니다. 다음번에 만날 수 있을지 없을지도 큰 문제가 되지 않았습니다. 그러다 '지금, 이 순간'을 연장하고 싶고, '항상' 함께 있고 싶다고 생각하기 시작하면 그 무렵부터 관계가 달라지기 시작합니다.

우리가 할 수 있는 건 '지금, 이 순간'에 함께 살아 있을 수 있음을 기뻐하는 것입니다. 그러면 행위를 하지 않는 좁은 의미의 섹스리스로 인한 고민은 저절로 사라집니다. 행위의 유무에만 전전긍긍하지 않는다면 관계는 반드시 회복될 것입니다.

과거 두 사람 사이에 섹스는 필수였고, 이는 사이가 좋다는 증거, 반대로 섹스리스는 사이가 나쁘다는 증거라고 생각했습니다. 하지만 이제는 섹스리스여도 둘 사이는 흔들리지 않는다는 사실을 알았으니 너무 고민하지 않기를 바랍니다.

항상 문제 있는 사람과 사귀는데,
이제는 행복한 연애를 하고 싶습니다

멋진 사람과 연애하고 결혼도 하고, 주변 사람들은 점점 행복해져 가는데 왜 저만 항상 문제 있는 사람과 사귀는 걸까요? '문제 있는 사람'만 선택하는 내가 문제인 건 아닌지 살펴보겠습니다.

A

행복한 연애를 못하는 건

'어울리는 상대를 만나지 못해서'가

아닙니다.

관계는 둘이 만들어 가는 것입니다.

'문제 있는 사람'이라고 하면 술버릇이 나쁘거나 이성과의 관계가 복잡하고 낭비벽이 심한, 또는 이미 결혼한 사람 등이 생각납니다. 처음부터 그런 사람인 줄 알았다면 만나려고 하지 않았겠지요. 좋아하지 않는 사람과 사귀는 일은 거의 없기에 상대가 '문제 있는 사람'이라는 걸 알았다면 사귀지 않았을 겁니다. 그럼에도 '항상' 문제 있는 사람하고만 사귄다면 이야기가 달라집니다.

저는 행복한 연애를 하고 싶은 사람이 일부러 그런 사람을 선택하진 않았으리라 믿고 싶습니다. 그런데 의식해서 선택하진 않더라도 스스로 그런 사람을 택했을 가능성은 있습니다.

아들러는 열네 살에 좋아하는 사람이 생겼으나 그 일로 비웃음을 산 이후 '사랑하는 여성' 연기를 거부한 한 사람의 이야기를 인용했습니다. 그녀는 유부남과 사랑에 빠졌습니다. 아들러는 『왜 신경증에 걸릴까』에서 이렇게 말했습니다.

기혼 남성과의 관계는 그 자체로는 처음부터 독단적으로 비난할 수 없다. 이런 사랑이 좋은 결과로 끝날지, 그렇지 않을지 누구도 확실히 말할 수 없기 때문이다.

그러나 이렇게 말을 이어갔습니다.

이런 상황에 있는 모든 여성이 그에 따른 엄청난 어려움을
부모님을 비롯한 모든 이가 보는 것만큼
똑똑히 보고 있다는 사실을 무시할 수는 없다.
이런 경험을 하는 여성도 '사랑이란 원래 이런 거지'라며
스스로 합리화하는 것이다. 그녀가 어려운 사랑을
선택한 것은 언뜻 보면 사랑과 결혼이 성취되는 것을
원치 않는 게 아닌지 의심하는 근거가 된다.

즉 본인도 알면서 '문제 있는 사람'을 연애 대상으로 선택했다는 의미입니다. 게다가 그런 사람을 택한 이유가 사랑과 결혼이 성취되는 것을 원하지 않기 때문이라는 겁니다. 이 여성은 왜 성취되지 않길 바란 것일까요? 이유가 있었습니다. 그녀는 둘째로, 그녀의 언니는 매우 똑똑하고 인기도 많고 친구도 많은 데다가 그녀보다 예뻤습니다.

거기서 그녀의 인생은 라이벌을 따라잡기 위해 숨도 한 번 제
대로 못 쉴 정도로 따라가기 벅찬 레이스가 되었다.

학업에서는 언니를 앞질렀으나 매력적인 언니는 '행복한 결혼'을 했습니다. 그녀가 유부남과 사랑에 빠진 건 언니가 결혼했을 때였습니다. 언니의 결혼은 그녀의 우월감을 위태롭게 했습니다.

경쟁하기 좋아하는 성격에 우월성을 추구하는 여성은
언제나 결혼으로 용기와 자신감을 잃을 위험이 있다.
결혼은 대체로 자신의 우월감에 대한 위협이다.

언니처럼 결혼해도 행복하지 못하면 언니와의 경쟁에서 지게 됩니다. 결혼하는 이상 언니보다 더 행복해져야 합니다. 그래서 그녀는 결혼하지 못하는 이유를 찾았습니다. 바로 유부남과의 연애였습니다. 이 사랑이 성취되지 못한 건 상대방 탓이라고 생각한 그녀는 '사랑이란 원래 이런 거지'라며 그 후 누구와도 연애하지 않았거나, 또 다른 '문제 있는 사람'과 연애를 반복했을 겁니다. 그저 결혼하지 않기 위한 이유가 필요했으니까요.

'만약에' 이 사람이 결혼만 안 했더라면 결혼했을 텐데.

결혼하지 않으면 언니에게 질 일도 없습니다. 그녀가 사랑과 결혼을 주저한 이유가 그녀와의 대화 속에 분명히 드러났다고 아들러는 말했습니다.

> 결혼해도 남편은 이 주일만 지나면
> 분명 내 곁을 떠날 거예요.

이렇게 말하는 그녀에게 결혼을 피하는 이유가 강한 열등감 탓 아니냐고 아들러가 넌지시 묻자 그녀는 '그렇지 않다'라고 답했습니다. 만약 열등감이 없었다면(그녀는 언니와의 경쟁에서 지면서 열등감이 생겼습니다) 결혼하고 보름 만에 남편이 자기를 떠날 것이라는 생각도 하지 못했을 거라고 아들러는 말합니다.

첫사랑 상대에게 언니만큼 매력이 없다며 비웃음을 샀던 일, 그리고 부모님의 결혼생활이 불행했던 일은 사랑과 결혼을 주저하게 만든 '원인'이 아니라 그것을 정당화하기 위해 꺼낸 '이유'에 불과합니다. 그렇다면 어떻게 해야 '행복한 연애'가 가능할까요? 앞서 아들러가 인용한 여성 사례를 바탕으로 생각해 봅시다.

먼저 '사랑이란 원래 이런 거지'라며 스스로 합리화하는 연애는 하지 않기로 결심합시다. 사귀다 보니 문제 있는 사람이라는 사실을 깨닫는 일은 분명히 있습니다. 처음부터 자기 문제점을 상대에게 드러내는 사람은 없기 때문입니다. 하지만 새로운 상대도 분명 문제가 있을 것이란 생각으로 사귀기 시작하면 그 예상은 현실이 됩니다. 이 세상에 무결점인 사람은 없습니다. 심각한 문제까지는 아니더라도 문제점을 찾으려면 금방 찾을 수 있습니다.

'행복한 연애'를 못한 이유는 어울리는 상대를 못 찾아서가 아님을 깨달아야 합니다. 연애는 혼자 하는 게 아니라 둘이 관계를 만들어 가는 것입니다. 상대가 다른 사람과의 사이에서는 문제 있는 사람이라 해도 나와의 관계가 좋으면 문제행동이 개선되기도 합니다.

마지막으로 다른 사람과 경쟁하지 맙시다. 앞서 등장한 여성은 언니가 '라이벌'이었습니다. 연애나 결혼은 다른 사람과 경쟁하기 위해 하는 것이 아닙니다. 누구랑 사귀든 말든, 결혼하든 말든 내 가치와는 아무런 상관이 없습니다.

사랑이라는 감정이 무엇인지
잘 모르겠습니다

누군가에게 은근한 호감을 느끼거나 이성으로 조절이 안 될 정도로 격한 사랑을 해본 적이 있을 겁니다. 그런데 집착이나 의존도 아니고, 연애 초기의 호르몬에 의한 착각도 아니라 진정으로 누군가를 사랑한 적 있나요?

A

사랑은 사랑하는 능력의

문제입니다.

'저 사람은 싫지만 너는 좋아'라고

하는 사람은 사랑하는 능력을

갖췄다고 할 수 없습니다.

한 번도 누군가를 사랑한 적 없는 사람에게 '사랑'하는 게 무엇인지 설명하기란, 더운 여름날에 겨울의 추위를 설명하는 것만큼 어려운 일입니다. 갑자기 떠오른 이야기가 있습니다.

율법학자가 예수에게 '어떻게 하면 영생을 구할 수 있는지' 물었습니다(『루가의 복음서』). 이 물음에 예수는 율법에는 어떻게 쓰여 있는지 물으니 율법학자는 '네 마음을 다하며 목숨을 다하며 힘을 다하며 뜻을 다하여 주 너의 하느님을 사랑하고 네 이웃을 너 자신처럼 사랑해야 한다'라고 답했습니다. 예수는 그 말이 정답이니 그 말을 따르라고 말했습니다. 그러자 율법학자는 자기 이웃이 누군지를 예수에게 물었습니다. 종교상 규범에 정통한 율법학자는 하느님을 사랑하는 일은 매일 실천하고 있었으나 이웃을 자신처럼 사랑하라는 말은 이해하지 못했던 것입니다. 그래서 이웃을 사랑하려면 먼저 이웃의 정의를 확실히 내려야 한다고 생각했습니다. 그러나 예수는 '내 이웃이 누구냐'라는 질문에는 직접적으로 답하지 않고, 강도 만난 유대인을 도운 사마리아인의 이야기를 꺼냈습니다.

한 유대인이 강도를 만나 쓰러져 있었습니다. 그곳을 지나던 제사장과 레위인은 그를 본체만체하며 지나쳐 갔습니다. 그런데 한 사마리아인이 다친 사람을 보고 불쌍히 여겨 가까이 다가가 상처에 기름과 포도주를 붓고 싸맨 뒤, 자기 짐승에 태워 주막으로 데리고 가 돌봐주었습니다. 그는 이튿날 숙박비까지 내주었습니다. 당시 사마리아인을 차별 대우를 했던 유대인들은 이 사마리아인에게 '원수'나 다름없었습니다. 그러나 그는 상관하지 않고 유대인을 살려줬습니다. 다친 유대인이 바로 '이웃'이었던 것입니다. 사마리아인의 이야기를 끝낸 뒤 예수는 이렇게 말했습니다.

"가서 너도 이와 같이 하라."

다친 사람이 있으면 그가 누구든 도우려 할 것입니다. 저는 '불쌍히 여겨'라고 했는데, 신학자 야기 세이치八木 誠一는 책 『예수의 종교イエスの宗教』에서 '가슴을 죄는 듯하여'라고 번역했습니다. 사마리아인이 가슴을 죄는 듯하여 다친 유대인을 구한 것은 '인간 본성에서 나온 자연스러운 행위'였습니다.

사마리아인 이야기를 시작한 이유는 일반적으로 연애는

배타적이고 모든 사람에게 해당하는 것이 아니라고 여겨지기 때문입니다. '저 사람은 싫지만 너는 좋아'라고 말하는 사람이 있습니다. 마치 다른 사람을 사랑하지 않는 것이 너를 사랑하는 증거라고 말하는 것처럼 말입니다.

독일의 사회심리학자 에리히 프롬Erich Fromm(1900~1980)은 책『사랑의 기술』에서 사랑은 능력 문제, 즉 사랑하는 능력의 문제라고 말했습니다. 이 능력은 특정인을 대상으로 하지 않으며 다른 사람을 배제하지도 않습니다. '저 사람은 싫지만 너는 좋아'라고 말하는 사람은 사랑하는 능력을 갖췄다고 하기 어렵습니다.

철학자 사콘지 사치코左近司祥子는 책『진짜 살기 위한 철학本當に生きるための哲學』에서 고양이를 좋아하면 더러워진 길고양이도, 털이 폭신폭신 부드러운 페르시아고양이도, 그 어떤 고양이도 귀엽다고 말했습니다. 고양이를 정말 좋아하는 사람이라면 이 말에 고개를 끄덕일 것입니다. 그렇기에 '저 사람은 싫지만 너는 좋아'라고 말한 자는 사람을 진정으로 사랑한다고 보기 어렵습니다.

사마리아인 이야기에도 나왔듯이 원수를 사랑하는 건 불가능하다고 생각하는 사람들이 있습니다. 아들러의 사랑에 관한 사상은 예수가 말한 '원수를 사랑하라'의 '이웃 사랑'과 비슷합니다. 아들러는 『아들러 인생방법 심리학』에서 오냐오냐 자란 아이들은 '이웃을 사랑해야 할까? 이웃은 나를 사랑할까?'라고 묻는다고 말했습니다. 오냐오냐 자란 사람이 아니더라도 자기를 사랑하지도 않는 사람을 왜 내가 사랑해야 하는지 묻고 싶은 게 당연합니다.

프로이트는 예수가 말한 이웃 사랑에 의문을 가졌습니다. 그는 책 『문명 속의 불만』에서 만약 '네 이웃이 너를 사랑하는 만큼 네 이웃을 사랑하라'였다면 이의를 달지 않았을 것이라고 말했습니다. 이웃 사랑을 '이상^{理想} 혁명'이며 인간 본성에 반한다고까지 생각했습니다. 모르는 사람은 사랑할 가치가 있기는커녕 적, 나아가 증오를 불러일으킨다고도 말했습니다. 하지만 '나를 사랑해 준다면 나도 너를 사랑하겠다'라는 말은 누구라도 할 수 있습니다.

왜 그렇게 해야 하는가.

그렇게 하는 것이 무슨 도움이 되는가.

무엇보다도 이 혁명을 어떻게 실행하는가.

애초에 실행할 수 있는 것인가.

그러나 아들러는『아들러 인생방법 심리학』에서 프로이트의 이런 의문에 대해 사랑받을 줄만 아는 사람의 의문이며 아무도 나를 사랑하지 않는다고 해도 나는 이웃을 사랑할 것이라고 일축했습니다.

유일무이한 사람과 운명적으로 만나다

우리는 앞서 사랑은 배타적이지 않고 누구라도 사랑할 수 있다는 의미에서 사적이지 않다는 내용을 함께 살펴봤습니다. 하지만 연애에는 사적인 면이 있습니다. 다른 사람으로 대체할 수 없는 유일무이한 내가 유일무이한 당신을 사랑하기 때문입니다. '저 사람은 싫지만 너는 좋아'라고 말한 사람이 사랑하는 사람은 유일무이하지 않습니다. 이런 사람은 혹시라도 마음이 바뀌면 바로 다른 사람을 사랑하게 될 것이기 때문입니다.

그렇다면 유일무이한 사람은 어떻게 만날 수 있을까? 길에서 그냥 스쳐 지나갔다고 만날 수 있는 건 아닙니다. 학교나 직장에서 얼굴을 아는 사이여도, 첫눈에 반했다고 해도 그것만으로 운명적으로 만났다고 하기엔 부족함이 있습니다.

오스트리아의 종교철학자 마르틴 부버는 책 『나와 너』에서 인간세계에 대한 태도에는 '나-너' 관계와 '나-그것' 관계가 있다고 말했습니다. '나-너' 관계에서는 나는 당신에게 전인격적으로 마주하지만, '나-그것' 관계에서는 나는 당신을 대상(그것)으로서 경험합니다. 말도 섞지 않고 사람을 대상화하는 '나-그것' 관계에서는 상대를 '사물'처럼 봅니다. '나-너' 관계와 '나-그것' 관계의 결정적인 차이점은 상대와 대화를 나눴는지입니다.

첫눈에 반하는 경우는 과거에 알던 사람과 닮아서, 처음 만난 사람인데도 예전부터 알고 지낸 듯 느낄 뿐입니다. 대화를 나누고 전인격적으로 마주하는 '나-너' 관계에서는 나는 당신과 만나 내가 '나^{ch}'가 됨으로써 상대에게 '너^{Du}'라고 말을 겁니다. 이때 비로소 두 사람은 '해후邂逅'합니다.

이 관계로 바뀌었을 때의 나는 이미 이전의 내가 아닙니다. 이제 나는 혼자였을 때의 내가 아니라 사랑하는 사람에 의해 살아 있다고 느끼며, '나'가 아닌 '우리'의 인생을 살기 시작합니다. 이렇게 서로 사랑하는 두 사람은 고독을 극복할 수 있습니다.

언제까지나 서로
애틋한 사이로 남고 싶습니다

몇 년이 지나도 이 사람과 함께 있고 싶은데 오랫동안 사귀거나 같이 살다 보면 상대를 아끼고 감사하는 마음이 점점 줄어들고 맙니다. 어떻게 하면 '처음 만났을 때'와 같은 애틋한 마음을 계속 유지할 수 있을까요?

두 사람의 관계에 익숙해지면

안 됩니다. 상대방과 계속

좋은 관계를 유지하고 싶다면

'살아 있는 시간'을 공유해 보세요.

서로 알게 되고 얼마 안 되었을 무렵, 사귀고 얼마 지나지 않았을 무렵에는 상대와 함께 있을 수 있다는 사실만으로도 기쁨이었을 겁니다. 그런데 오래 사귀거나 생활을 공유하다 보면 서로가 서로에게 너무 익숙해져 말도 예쁘게 안 나오고 상대가 나에게 맞춰주길 바라게 됩니다. 연애 초반이라면 하지 않았을 싸움도 합니다.

오래 만났다고 해서 연애 초기와 같은 애틋한 마음을 갖지 말라는 법은 없습니다. 애틋했던 그 마음을 잊지 않으려면 서로에게 익숙해지지 말아야 합니다.

매일 '이 사람과는 오늘 처음 만난다'라고 생각하고 하루를 시작해 보는 겁니다. 전날 상대에게 기분 나쁜 소리를 들었을 수도 있습니다. 그렇다고 오늘도 눈앞에 있는 이 사람이 나에게 듣기 싫은 말을 하는 건 아닙니다. 무조건 안 좋은 소리 듣겠거니 생각하고 있으면, 상대가 악의 없이 한 말도 듣기 싫은 소리로 들릴 수 있습니다. 어제 있었던 일을 오늘까지 질질 끌고 갈 이유는 없습니다.

사람은 계속 바뀝니다. 나도 어제의 내가 아닙니다. 아예 다른 사람이 된다는 건 아니지만, 느끼거나 생각하는 방식 등은 시시각각 바뀌어 갑니다. 이렇게 두 사람 다 더 이상

처음 만났을 때와는 같지 않기에 문제가 생깁니다.

　이런 변화는 단기간에 찾기 어려운 게 사실이지만 눈앞에 있는 이 사람이 어제와 똑같은 사람이라고 생각하면 상대의 변화를 눈치챌 수 없습니다. 사람은 당연히 변해간다는 사실만 인지하고 있어도 오늘은 어제의 반복이 아니고 내일은 오늘의 연장선이 아니라고 생각하게 됩니다. 앞으로 둘 사이가 어떻게 바뀔지는 아무도 모릅니다. 그러니 날마다 사이가 좋아지도록 노력해야 합니다. 사랑을 갱신하는 노력이라고도 할 수 있으며, 둘 사이를 더 돈독하게 해주는 기쁨의 노력입니다.

　매일 처음 만난다고 생각하면 긴장될 것 같다는 사람도 있을지 모릅니다. 그런데 처음 만났을 때의 긴장감은 면접 볼 때의 긴장감과는 분명 달랐을 것입니다. 긴장되긴 했어도 마음이 설레지 않았나요? 이런 긴장은 지금, 이 순간에 집중하려면 필요합니다. 에리히 프롬은 『사랑의 기술』에서 다음과 같이 말했습니다.

> 집중이란 현재를 지금 여기에서
> 완전히 사는 것을 의미한다.

이어 프롬은 이렇게 말했습니다.

> 말할 것도 없이 집중력은 서로 사랑하는
> 사람들이 가장 갖춰야 하는 덕목이다.
> 두 사람이 서로 달아나려 하는 건 종종 있는 일이다.
> 그러지 말고 서로 가까이 있는 방법을 배워야 한다.

상대로부터 달아나려는 일이 자주 있는지는 모르겠으나 처음 만났을 때처럼 함께 있기만 해도 행복한 것은 아닐지도 모릅니다. 게다가 다른 사람이나 사물에 관심을 빼앗겨 과거나 미래에 관한 이야기를 하다 보면 둘이 보내는 시간에 집중했다고 하기 어렵습니다. 이런 두 사람 사이에 흘러가는 시간은 '살아 있는 시간'이 아닙니다.

'살아 있는 시간'이라는 말을 사용한 사람은 프랑스의 신경정신과 의사 유진 민코프스키Eugène Minkowski(1885~1972)입니다. 그는 함께 있어도 상대방을 생각하지 않고 각자의 시간이 흘러간다면 그 시간은 죽은 것이라고 말했습니다. 그에 비해 '살아 있는 시간'은 두 사람에게 공유됩니다. 사랑한다고 해서 살아 있는 시간이 자동으로 공유되는 것은 아닙니다. 오히려 살아 있는 시간을 공유하고 있다고 느꼈을 때 사랑이라는 감정이 생겨난다고 할 수 있습니다.

.

나는 상대에게 무엇을 해줄 수 있는가

한 번 생겨난 사랑은 두 사람 사이에서 영원하지는 않습니다. 이 사랑은 활동이자 과정이며 경험일 뿐입니다. 사물처럼 '소유'할 수 없으며 부단히 흐르며 시시각각 바뀝니다.

그런 이유로 한 번 누군가를 사랑했다고 해서 그것으로 끝은 아니기에 사랑을 지속하려는 노력이 필요합니다. 화를 내거나 심술 맞게 행동해도 상대는 봐 줄 것입니다. 그러나 그 다정함을 당연시하면 언젠가 갑자기 사라져 버릴지도 모릅니다. 우리는 내일 무슨 일이 일어날지 모르기에 오늘 서로 열심히 사랑해야 합니다.

서로 애틋한 마음을 유지하려면 어떻게 하면 좋을지 생각해 봅시다. 지금 상대를 애틋하게 생각한다면 앞으로도 계속 그 애틋함을 유지할 수 있습니다. 현재 그렇지 않다면 앞으로도 어려울 것입니다. '애틋하게 생각하는 것'이란 상대의 입장이 되어 상대가 무엇을 느끼고 생각하는지에 관심을 가지는 일입니다. 상대가 나에게 무엇을 해줄지 생각하는 게 아니라 내가 상내에게 무엇을 해줄 수 있는지를 고민해야 합니다. 상대가 무엇을 원하는지 모르겠다면 물어보면 됩니다.

사이가 오래 지속되는 것은 '목표'가 아닌 '결과'입니다. 지금까지 함께 겪은 다양한 일들이나 미래를 생각할 필요도 없을 정도로 '지금, 이 순간'을 둘이 살아갈 수 있다면, 그 시간을 '살아 있는 시간'으로 만들 수 있다면, 두 사람의 관계는 오래도록 이어질 것입니다.

울고 싶은 날의 인생 상담

초판 1쇄 발행 2024년 5월 27일

지은이 기시미 이치로
옮긴이 심지애
펴낸이 유성권

편집장 윤경선
책임편집 김효선　　**편집** 조아윤
해외저작권 정지현　　**홍보** 윤소담 박채원　　**디자인** ROOM 501
마케팅 김선우 강성 최성환 박혜민 심예찬 김현지
제작 장재균　　**물류** 김성훈 강동훈

펴낸곳 ㈜이퍼블릭
출판등록 1970년 7월 28일, 제1-170호
주소 서울시 양천구 목동서로 211 범문빌딩 (07995)
대표전화 02-2653-5131　　**팩스** 02-2653-2455
메일 tiramisu@epublic.co.kr
인스타그램 instagram.com/tiramisu_thebook
포스트 post.naver.com/tiramisu_thebook

티라미수 THE BOOK 은 ㈜이퍼블릭의 인문 · 에세이 브랜드입니다.